シリーズ 大学の教授法 4
学習評価

中島英博 編著

玉川大学出版部

「シリーズ 大学の教授法」刊行にあたって

「私は教授法を体系的に学んでいないので、授業には自信がありません」という大学教員の声をよく聞きます。確かに小学校や中学校の教員のように、教員になるための十分な教育を受けずに教壇に立つことが多いため、大学教員には授業に対する不安や苦労も多いのかもしれません。一方、大学教育改革を推進していくために、教員の教授法に対して寄せられる期待は近年ますます高まっています。

2008年に大学設置基準でFD（ファカルティ・ディベロップメント）が大学に対して義務化され、教授法を身につけるための教員向けの研修が増えてきました。しかし、教授法は研修によってのみ習得されるものではありません。もちろん研修にも一定の有効性はありますが、自らが学生や生徒として受けた教育の経験を振り返ったり、周りの教員による指導や助言を受けたり、教授法の書籍を読んだりすることなどからも身につけていくものです。

本シリーズは、大学における教授法の知識と技能を体系的に提示することで、よりよい授業をしたいと考える大学教員を支援しようとするものです。したがって、第一の読者として想定しているのは大学教員です。加えて、大学教員を目指す大学院生、各機関のFD担当者、教務部門の職員、大学教育研究者、さらに大学の管理職や大学以外の教育職に就いている人などにも役立つものであると考えています。

本シリーズを作成するにあたって、各巻の編者との間で執筆の指針として共有したことが3点あります。第一に、内容が実践に役立つことです。読んだ後に授業で試してみたいと思う具体的な内容をたくさん盛り込むよう留意しました。そのため、新任教員だけでなく、ある程度教育経験をもった教員にとっても役立つはずです。第二に、内容が体系的であることです。シリーズ全体において、教授法に関する重要な内容を整理してまとめました。第三に、内容が読みやすいことです。広い読者層を念頭に、できるだけわかりやすく書くことを心がけました。

本シリーズが幅広い読者に読まれ、読者のもつさまざまな教育課題を解決する一助となること、そして、その結果として日本の大学において教育の質を向上させる取り組みが広がっていくことを願っています。

シリーズ編者　中井俊樹／佐藤浩章

はじめに

　大学で学習評価という場合、多くの教員は成績評価を思い浮かべるようです。たしかに、成績評価は学習評価の一要素ですが、学習評価は、学生の学習成果を最大限に高める、より広範な教育活動のことをいいます。こうした定義は、初等・中等教育の現場では広く普及していますが、大学教育の現場では、十分に普及しているとはいえません。

　本書では、学習評価を学生の学習活動を把握し、設定した学習目標に到達したかを、根拠を用いて可視化する行為として位置づけています。すなわち、成績判定に加え、学習の途中でのフィードバック、学習を促す試験や課題の準備、自己評価を促す評価方法などを含む教育活動のことです。

　一方で、学生の理解度や到達度を、完全に把握することはできません。たとえば教員は試験を通して学生の理解度や到達度を推測しますが、試験に使える時間や方法には限界があります。すなわち、学習評価には常に限界や制約があります。これこそが、多くの教員が評価に対して不安を感じる原因です。

　本書は、学習評価を活用して授業をよりよくしたいと考える教員に向けて、学習評価に関する基本的な知識と具体的な技法を提供するものです。その際に、教育学を専門としない教員、新任教員、大学職員、大学院生など、多様な読者にとっての入門ガイドとなるよう、わかりやすさに留意しました。また、レポート課題の評価、実技や実習の評価、ルーブリック評価、ポートフォリオ評価など、大学教育で多く見られる多様な評価を網羅しており、興味や必要に応じてどこからでも読み始められるようにしました。大学教育における学習評価をまとめた文献が少ない中で、本書は多くの大学関係者に活用してもらえるものと自負しています。

　なお、学習評価と類似した用語に教育評価がありますが、教育評価は学習評価を用いて教育活動の効果を確認したり組織的に改善する活動を含みます。本書でも一部で教育評価に関わる内容を紹介しますが、主に教授法としての学習評価の技法を紹介します。

　本書の刊行にあたり、多くの方々からご協力をいただきました。特に、佐藤浩章氏（大阪大学）、近田政博氏（神戸大学）、栗田佳代子氏（東京大学）、家島明彦氏（大阪大学）、小林忠資氏（岡山理科大学）、榊原暢久氏（芝浦工業大学）、山里敬也氏（名古屋大学）、橋場論氏（福岡大学）、西野毅朗氏（京都橘大学）、齊藤隆仁氏（徳島大学）、井戸慶治氏（徳島大学）、金西計英氏（徳島大学）、

川野卓二氏（徳島大学）、川内亜希子氏（京都大学）には、本書の草稿段階において貴重なアドバイスをいただきました。小川幸江氏（名古屋大学事務補佐員）には、書式の統一などにご協力いただきました。そして、玉川大学出版部の森貴志氏には、本書の企画のきっかけをいただき、編集作業などさまざまな点でお力添えいただきました。この場をお借りして、ご協力いただいたみなさまに御礼申し上げます。

編著者　中島英博

本書の構成と使い方

　本書は四つのパートから構成されています。第1部から順に読まれることを想定していますが、自分の関心のあるところから読むこともできます。授業の目的や対象などに応じて、適した学習評価の方法が異なるためです。そのため、各章においても内容が完結するように心がけて執筆しました。各パートの内容は以下のようになっています。

　第1部では、学習評価の基本についての理解を深めます。学習評価の意義や構成要素がわかるようになっています。

　第2部では、授業の中で学習評価を設計する技法を紹介します。学習目標に合わせた評価の設計方法、育成すべき能力に応じた評価の実践など、評価活動におけるPDCAサイクルがわかるようになっています。

　第3部では、学習目標に到達したかどうかを確認するための技法を紹介します。多くの授業で取り入れられている筆記試験やレポートによる評価に加え、ルーブリックや学習ポートフォリオといったツールを活用した評価方法について取り上げます。これらのツールは本書の中で繰り返し登場するため、まずツールについて理解したい場合はここから読み始めることもできます。

　第4部では、学習評価を実施する際に役立つ資料をまとめています。学習評価で用いる課題の例やさまざまな評価ツールを紹介しています。

学習評価　目次

iii 「シリーズ　大学の教授法」刊行にあたって
v はじめに
vii 本書の構成と使い方

第1部
学習評価を理解する

1章　学習評価の意義と課題を理解する

002 **1　評価は学習に影響を与える**
002 1.1 評価に対する関心は高い
002 1.2 評価は学生を不安にさせる
003 1.3 評価は学生の行動に影響する

003 **2　学習評価の意義を理解する**
003 2.1 学生の学習を促進する
004 2.2 学生の到達度を確認する
004 2.3 教員の授業改善を促す
004 2.4 学生支援の資料となる
005 2.5 社会に対する説明責任を果たす

005 **3　伝統的な学習評価の論点を理解する**
005 3.1 口頭試験から筆記試験へ
006 3.2 試験から考査へ
006 3.3 教育測定から教育評価へ
007 3.4 教育目標と教育評価の関係性

007 **4　今日的な学習評価の論点を理解する**
007 4.1 スタンダードに基づく教育評価:標準テストの再加熱
008 4.2 エバリュエーションからアセスメントへ
008 4.3 真正の評価:構成主義的な学習・評価観
009 4.4 パフォーマンス評価:学びの深さと幅広い能力を捉える評価

ix

2章　学習評価の構成要素を理解する

010 **1　評価の時期**
010 1.1 学習の前に評価を行う(診断的評価)
011 1.2 学習中に評価を行う(形成的評価)
011 1.3 学習後に評価を行う(総括的評価)

012 **2　評価の主体**
012 2.1 他者が評価を行う
012 2.2 自己評価を行う
013 2.3 他の学生が評価を行う

013 **3　評価の基準**
013 3.1 評価規準と評価基準を区別する
014 3.2 集団内で評価する
015 3.3 基準に沿って評価する
015 3.4 個人内で評価する

016 **4　評価の方法**
016 4.1 直接評価と間接評価
017 4.2 筆記型評価と実演型評価
018 4.3 パフォーマンス課題を理解する

018 **5　評価の適切さ**
018 5.1 信頼性
019 5.2 妥当性
019 5.3 効率性
020 5.4 公平性

第2部

学習評価を設計する

3章　目標と評価を整合させる

022 **1　目標に沿って評価する**
022 1.1 逆向き設計の原則
022 1.2 求められている成果を明確にする
023 1.3 行動目標で評価につなげる

024　1.4　目標の構造を明確にする

025　**2　評価の対象を明確にする**
025　2.1　評価設計の四つの問い
026　2.2　何を評価するかを選択する
029　2.3　何を評価しないかを確認する

030　**3　評価の方法を設計する**
030　3.1　目標に適した評価方法を選ぶ
031　3.2　目標の構造に沿って評価を設計する
032　3.3　同一科目を複数教員で担当する授業の評価

032　**4　所属組織の教育目標と対応させる**
032　4.1　カリキュラムに沿って学習目標を設定する
033　4.2　カリキュラムマップを活用する

4章　成績評価の方法を設計する

035　**1　成績評価の準備を行う**
035　1.1　成績評価の方針を伝える
036　1.2　大学の方針に合わせる
036　1.3　絶対評価と相対評価

037　**2　成績評価のモデル**
037　2.1　重み付けレターグレード
037　2.2　累積得点モデル
038　2.3　合否累積モデル
039　2.4　ペナルティとボーナス課題を設定する

039　**3　成績評価を効率的に行う**
039　3.1　最も重要な点のみを評価する
040　3.2　評価の段階を必要最小限とする
040　3.3　自己評価を使う
041　3.4　ICTを活用する

041　**4　倫理的行動の大切さを伝える**
041　4.1　学術倫理の重要性を伝える
042　4.2　教室に公正な雰囲気をつくる
042　4.3　不正な行為を確認する

xi

第3部

学習評価を実践する

5章　評価で学習を促進する

046　**1　理解度を把握する**
046　1.1　形成的評価を取り入れる
046　1.2　優れた理解度把握の特徴
047　1.3　理解度把握の段階
047　1.4　形成的評価を成績に含めるべきか
048　1.5　前提となる理解度を把握する

049　**2　理解度把握のための技法**
049　2.1　短時間で行える技法
050　2.2　授業の理解を確認する
051　2.3　深い理解を確認する技法

053　**3　学生参加型の授業で理解度を確認する**
053　3.1　挙手で確認する
053　3.2　グループワークを振り返る
054　3.3　学習記録を作成する

055　**4　フィードバックを与える**
055　4.1　フィードバックの重要性を理解する
055　4.2　効果的なフィードバックを行う
056　4.3　文書でフィードバックを行う
056　4.4　口頭でフィードバックを行う

6章　筆記試験を作成する

058　**1　筆記試験で測れることを理解する**
058　1.1　試験の役割を理解する
058　1.2　筆記試験で測れること

058　**2　筆記試験問題の種類**
058　2.1　短答式の問題
059　2.2　穴埋め式の問題
060　2.3　多肢選択式の問題
060　2.4　論述式の問題

xii

061	**3**	**試験問題を作成する**
061	3.1	問題を組み合わせて作成する
062	3.2	多肢選択式の問題を作成する
062	3.3	複数選択式の問題を活用する
063	3.4	複数の群の選択肢を組み合わせる
064	3.5	優れた筆記試験問題の作り方

065	**4**	**パフォーマンス課題を作成する**
065	4.1	シナリオ問題を取り入れる
067	4.2	シナリオ問題の作成
068	4.3	優れたシナリオ問題の特徴

7章　筆記試験で学習を促す

071	**1**	**筆記試験の準備を促す**
071	1.1	筆記試験での持ち込み資料を工夫する
073	1.2	学生同士で確認させる
073	1.3	学生が問題を作成する
074	1.4	学生が作成した問題を活用する

075	**2**	**筆記試験で主体的な学習を促す**
075	2.1	主体的な学習を促す筆記試験の工夫
076	2.2	筆記試験結果のフィードバックを行う
076	2.3	学習につながるフィードバックを工夫する
077	2.4	個別にフィードバックする

078	**3**	**筆記試験での不正行為を防止する**
078	3.1	授業全体を通して意識づけを行う
079	3.2	試験問題を工夫する
080	3.3	試験環境を整える

081	**4**	**筆記試験の不正行為に対応する**
081	4.1	試験中の対応
082	4.2	試験後の対応

8章　レポート課題で評価する

083	**1**	**レポート課題の特徴**
083	1.1	レポートで測れることを理解する
083	1.2	レポート課題の種類

086 1.3 論述型の問題における論題の種類
086 1.4 学生のレポート作成能力を把握する

088 **2　レポート課題を作成する**
088 2.1 課題に取り組む準備をさせる
089 2.2 論述型レポート課題の作り方
090 2.3 演習問題型レポート課題の作り方
091 2.4 振り返りレポートの作り方

093 **3　レポートを評価し今後の学習につなげる**
093 3.1 レポートの評価基準を作成する
094 3.2 レポート課題を指示する
095 3.3 レポート課題を評価する
096 3.4 レポートのフィードバックを行う
099 3.5 課題に取り組む学生を支援する

100 **4　レポート課題での不正行為を防止する**
100 4.1 不正行為を防ぐための環境を整える
101 4.2 レポートでの剽窃に対応する

9章　グループ学習を評価する

102 **1　グループ学習の目的を明確にする**
102 1.1 グループ学習を取り入れる
102 1.2 グループ学習は学習目標ではない
103 1.3 協同学習と協調学習
104 1.4 評価の準備をする
104 1.5 グループを編成する

105 **2　グループ学習の評価の基本モデル**
105 2.1 個人の成果の評価
107 2.2 グループの成果の評価
107 2.3 相互協力に関する評価を行う
109 2.4 グループ学習の成果を成績に反映させる

111 **3　フリーライダー問題に対応する**
111 3.1 基本的な対応方法
111 3.2 フリーライダーが起こる背景
111 3.3 相互評価を活用する

xiv

113	**4**	**グループ学習を促す評価技法**
113	4.1	個人とグループの両方の努力を促す
114	4.2	振り返りや日誌にコメントする
115	4.3	共同で知識を整理する

10章　実技や実習を評価する

117	**1**	**実技・実習科目の特徴を理解する**
117	1.1	統合的な学習成果を評価する
117	1.2	複数の観点で評価を行う
119	1.3	評価者と成績判定者が異なる
119	1.4	目標によって評価の重点が異なる
119	1.5	複数教員間で同一科目の評価を行う

120	**2**	**観察で評価する**
120	2.1	観察による評価の特徴
120	2.2	チェックリストを作成する
121	2.3	関心・意欲・態度を評価する
122	2.4	観察時の認知バイアスを知る

122	**3**	**振り返りと自己評価を促す**
122	3.1	振り返りが重要
123	3.2	記録を作成する
124	3.3	プロセスレコードを作成する
125	3.4	振り返りは自己評価を促す
125	3.5	自己評価に使う素材を明示する

126	**4**	**実技・実習評価のさまざまな取り組み**
126	4.1	評価のための基準をつくる
127	4.2	口述と面接で評価する

11章　ルーブリックを活用して評価する

129	**1**	**ルーブリックによる評価**
129	1.1	ルーブリックとは何か
131	1.2	チェックリストを発展させる
132	1.3	ルーブリックを用いるメリット
133	1.4	ルーブリックの教育的意義

134	**2**	**ルーブリックを作成する**
134	2.1	ルーブリック作成の手順
134	2.2	目標や課題の振り返り
134	2.3	リストの作成
135	2.4	グループ化と見出し付け
136	2.5	表の作成

137	**3**	**ルーブリックを活用する**
137	3.1	ルーブリックで採点する
139	3.2	複数の教員で一つのルーブリックを使用する

12章　学習ポートフォリオで評価する

140	**1**	**学習ポートフォリオが有効となる場面**
140	1.1	学習ポートフォリオの特徴
140	1.2	学習ポートフォリオを用いるメリット
141	1.3	ポートフォリオの種類
141	1.4	学習ポートフォリオの目的

143	**2**	**学習ポートフォリオの設計**
143	2.1	目的を明確にする
144	2.2	対象・内容を厳選する
144	2.3	実施形態を検討する
145	2.4	実施体制を検討する

146	**3**	**学習ポートフォリオの作成を支援する**
146	3.1	作成目的を説明する
146	3.2	メンターの役割を明確にする
147	3.3	検討会・振り返りの場を設定する
147	3.4	学習ポートフォリオを評価する

13章　多様な学生に配慮して評価する

150	**1**	**公平な評価が求められている**
150	1.1	一律な評価が公平とは限らない
150	1.2	入学試験の際に配慮されている
151	1.3	学生の多様性を尊重する

151	**2**	**排除しない評価方法を目指す**
151	2.1	障壁の少ない評価方法を選択する

| 152 | 2.2 学習成果を測定できる評価を選択する |
| 153 | 2.3 評価の方法と基準を事前に周知する |

153	**3 合理的配慮に基づく評価を理解する**
153	3.1 合理的配慮を理解する
154	3.2 二重基準は設けない
154	3.3 調整や変更を最小限にする
154	3.4 調整や変更の具体例を理解する

157	**4 合理的配慮に基づく評価を実施する**
157	4.1 所属大学の方針や支援体制を確認する
157	4.2 学生からの申請から始める
157	4.3 対象学生と評価方法を合意する

14章　学習評価を授業改善に活用する

158	**1 学習成果の情報を集める**
158	1.1 授業改善は学習評価の目的の一つ
158	1.2 成績を集積する
159	1.3 課題ごとに成績を集計する

159	**2 授業の評価を行う**
159	2.1 アンケートを活用する
160	2.2 インタビューで情報を集める
161	2.3 自己評価を行う

161	**3 授業を改善する**
161	3.1 学習目標を調整する
162	3.2 異なる評価方法を検討する
162	3.3 異なる授業計画を検討する
163	3.4 教育の質向上に貢献する

第4部

学習評価のための資料

166	**1 試験・レポート・成績評価に関する資料**
166	1.1 成績評価のガイドライン
167	1.2 試験の際の注意事項

xvii

| 168 | 1.3 | 思考力と表現力を培う試験問題・レポート課題 |

173	**2**	**ルーブリックに関する資料**
173	2.1	汎用的能力を評価するルーブリック
175	2.2	実験を評価するルーブリック
176	2.3	総合的学習を評価するルーブリック
177	2.4	ルーブリックを評価するためのルーブリック

178	**3**	**パフォーマンス評価に関する資料**
178	3.1	臨床技能に関する相互評価シート
179	3.2	臨床技能に関する教員評価シート

180	**4**	**学習活動・結果の振り返りに関する資料**
180	4.1	授業・学習活動に関する振り返りシート
181	4.2	試験結果に対する振り返りシート
182	4.3	グループ活動に関する振り返りシート
183	4.4	シミュレーション教育の振り返り法

| 184 | 参考文献 |
| 188 | 執筆者 |

第1部

学習評価を理解する

1章

学習評価の意義と課題を理解する

1 評価は学習に影響を与える

1.1 評価に対する関心は高い

　学習評価は、授業を担当すると必ずやらなければならない活動です。そして、多くの教員が学習評価に高い関心をもっています。新任教員が授業に関して不安をもつ内容は、事務手続き、カリキュラムに次いで、成績評価であるという調査があります（田口ほか2006）。

　成績評価は、単に学生に対してAやCなどの評定を出すことのみを意味していません。評定を出すためには、試験や課題によって学生の到達度に関する情報を集めなければなりません。また、学習目標に応じた試験や課題を用意し、評定ごとの到達基準を定める必要があります。

　また、学生にとっても評価は関心の高い項目です。シラバスを配られた際に学生が最初に読む項目は、成績評価の項目であるといわれています。学生は成績評価の項目を見て、どの程度の学習量が必要か、どのような学習成果が期待されているか、それらは努力に値するものなのかなどを考えます。成績評価の書き方次第で、学生を高く動機づけられることもあれば、学生の学ぶ意欲を下げることもあります。

1.2 評価は学生を不安にさせる

　学生にとって関心の高い学習評価ですが、一方で不安や不満も多くあります。たとえば、成績評価に関する学生の声には次のようなものがあります（西垣2004、串本2014）。

・出席状況と期末試験だけで成績が決められている

- ・期末試験の比重が大きすぎる
- ・採点基準が不明確で、何が得点につながったかわからない
- ・期末試験や期末レポートなどが返却されず、解説が受けられない
- ・試験の成績だけでなく、質問に行ったなどの学習のプロセスも評価してほしい
- ・授業中の練習問題と期末試験問題の難易度が異なっている

　こうした学生の声を聞くと、学習評価に関して教員と学生の間で十分なコミュニケーションをとる必要がありそうです。本書では、学習評価が学生を不安にさせるのではなく、学生の学習意欲を高めるものという視点で、さまざまな工夫をまとめています。

1.3　評価は学生の行動に影響する

　たとえば、授業の中で学生同士が協力して実験を行い、その結果を教室内で発表する課題を課すとします。教員はこの発表課題が重要であるため、学生に意欲的に取り組んでほしいとします。一方、この授業の成績は、学期末の筆記試験の結果のみで評価されるとします。この場合、学生は発表課題に意欲的に取り組むでしょうか。よい成績を望む学生は、発表課題よりも筆記試験の準備に熱心に取り組むのではないでしょうか。

　学生が選択する行動が学習目標や教員の意図とかけ離れてしまうことを、評価の逆機能と呼びます(梶田 2010)。一方、評価を適切に設計することで、学生の学習を促すことができます。学習評価には学生の行動を左右する大きな力があることを知っておきましょう。

2　学習評価の意義を理解する

2.1　学生の学習を促進する

　学習評価は、教員が成績をつけるためだけに行うものではありません。評価によって学生は自分の理解度を確認し、さらなる学習が必要かを判断することができます。たとえば、期末試験の前に模擬試験を実施する場面を考えてみます。模擬試験の結果がよくなかった学生は、期末試験に向けて学習時間を増やすかもしれません。

　このように、評価で学生の学習を促すには、評価の機会を複数回設ける

ことが必要です。特に期末試験や期末課題のような、成績評価に大きな影響を与える課題の前には、練習課題に取り組ませ、理解度を確認させ、本番までにどのような学習が必要か考えさせる機会を設けるとよいでしょう。

2.2 学生の到達度を確認する

学習評価の重要な役割の一つは、事前に設定された目標に対する到達度を確認することです。具体的には、測定と到達度判定の二つによって行います。測定は授業を通して学生が知識や技能をどの程度身につけたかを、何らかの方法を用いて可視化することです。可視化の方法として、試験や課題が用意されます。

到達度判定は、可視化された結果に価値づけを行うことです。試験で90点であれば「十分に基準に到達した」、60点であれば「最低限の基準に到達した」などの基準を用いて価値づけします。

2.3 教員の授業改善を促す

試験や課題を採点していると、多くの学生が同じ箇所を間違えたり誤解していることに気づく場合があります。その場合、学生が正しく答えたり適切に課題に取り組んだりできるよう、補足的な指導を行うとよいでしょう。評価をすることによって教員は自分の指導を振り返り、改善のためのヒントを得ることができます。

期末試験の実施後に授業の問題点に気づいたとしても、当該授業を改善する時間は残されていません。そのため、授業の中で評価の機会を複数回設けることが必要です。複数回の評価は学生と教員の双方にとってメリットがあります。

2.4 学生支援の資料となる

成績評価の情報は、奨学金の受給者の決定、成績優秀者の表彰、学習に困難を抱える学生の支援などに使われています。たとえば、約65％の大学が、成績評価の情報を用いて学生に対する個別の学習指導を行っています。また、約60％の大学が、奨学金や授業料免除の対象者の選定基準として成績評価の情報を活用しています（文部科学省 2014）。

成績評価の情報を組織的に活用するには、大学が定めるルールやガイドラインに基づいて個々の教員による評価が行われていたり、大学の教育目標に沿って個々の授業の到達目標が設定されていたりなどの前提条件が

満たされている必要があります。たとえば、全学的に授業内で最優秀の成績を出せる割合の上限設定を定めているにもかかわらず、ある教員が学生のほとんどに最優秀の成績をつけてしまった場合、成績評価に関わるデータは意味のないものになってしまいます。学習評価の際は、大学内のルールやガイドラインに従いましょう。

2.5 社会に対する説明責任を果たす

学習評価には、社会に対する説明責任を果たすという意義もあります。具体的には、大学の機関別認証評価における主要事項の一つに、学習成果の可視化と公表があります。授業や教育を通じて学生が何を身につけることができたのかを測定・把握し、その結果に基づき改善を行うことが評価基準として設定されています。

大学には、学習評価が円滑に適切に行われるための制度や体制を整備するとともに、積極的に成果を発信していくことが期待されています。学習評価は、学生・教員双方にとって重要であるのみならず、社会に対する説明責任を果たすという使命を負った大学にとっても、重要な意義を担っています。

3 伝統的な学習評価の論点を理解する

3.1 口頭試験から筆記試験へ

学習評価には限界があるものの、研究者は測定誤差の少ない方法で評価する努力を重ねてきました。その過程は、主観的な評価と客観的な測定の間を振り子のように揺れながら、よりよい評価のあり方を求めるものでした。ここでは、学習評価の歴史を簡単に振り返ります。

米国では、植民地時代に最初の学校が登場して以来、生徒の学びを評価する方法として口頭試験が行われていましたが、1845年頃には子どもの人数増加に伴い、一定期間内に口頭試験を実施することが難しくなりました（辰野 2010）。そこで、米国の公教育の父であるホーレス・マンによって提唱されたのが、筆記試験です。

当時の筆記試験は論文形式で行われたこともあり、教師による採点や用いられる試験問題そのものがあいまいで客観性を欠いていたことから、科学的なテスト運動（教育測定運動）が巻き起こりました。その結果、20世

紀初頭から1920年代にかけて、膨大な標準テストが作成されました。標準テストは、授業や大学の枠を超えて共通の能力を測るためのテストで、TOEFLや医師国家試験は標準テストに相当します。こうしたテストの多くは、大人数に実施可能で、採点の主観性を排除し、結果の一貫性を保つことを目的としたため、多肢選択型が採られていました。

米国における多肢選択型テストへの依存は、暗記と再生に過度の価値を置きすぎている、問題には唯一の正しい答えがあるという印象を与えすぎている、生徒を受け身の学習者にしてしまう、教師がテストに出題されやすい内容を重視するなど、指導上および学習上の問題をもたらしました。

3.2 試験から考査へ

一方、日本では、明治時代以降の急速な西洋文明の摂取にあわせて、公教育制度が整備されました。当時の公教育の基本的骨格を定めた「学制」(1872年)により、日本での教育評価の制度として「等級制」が導入されました。「等級制」は進級・卒業には一定の教育課程の習得が必要であるという制度です。現在の小学校のように、一定期間履修すればよいという制度に比べると、厳格な制度であるといえます。

しかし、「等級制」のもとでの試験は知育中心であったことから、その後「教学聖旨」(1879年)により、徳育を重視する方針が出されました。知育面の評価である試験に加え、徳育については平常成績を「考査」として評価対象に含めるようになりました(田中 2010)。

その後、前述した米国の教育測定運動は、日本の教育評価にも大きな影響を与えました。日本の成績考査法の欠点として、客観性に欠ける、考査の標準が不明確である、要素の分析がされず「何を測定するか」が不明確であることが指摘され、標準テストが次々に作成されました(天野 1993)。

また、日本では測定の信頼性を高める手段の一つとして相対評価が重視されました。そして、個人の学力差は生まれもった素質によって決まるという考え方と相まって、個人の適性に応じて教育を行うための評価ではなく、学生を選別するための指標として使われるようになりました。

3.3 教育測定から教育評価へ

学習者の能力を客観的に測定することよりも、教育指導の適切さを評価することが重要であるという認識のもと、タイラーはエバリュエーション(教育評価)という概念を創出します。すなわち、評価とは生徒の学習を測

定し、優劣のレッテルを貼ることではなく、理解が十分でない生徒には補習授業を施すなど、発達権を保障するために行うものであると主張しました。日本において、エバリュエーションの概念が本格的に導入されるのは第二次大戦直後になります（青木1948、長島1949など）。

増田（1955）は、「測定」の対象となるものは「知能的発達及び学習上の成果」であり、「測定」以外で「評価」に含まれるものが「行動・興味・要求・適応などの実装を捉える活動」と「学級・学校の経営や地域社会の教育運営」であると述べています。こうした中で、評価の手段よりも、何のために何を測定・評価するのかという評価の目的の重要性が注目されるようになります（田中2010）。

3.4 教育目標と教育評価の関係性

1960年代に相対評価への批判が強くなる中、ブルームは目標を分類し明確に記述するための枠組みとして教育目標分類（タキソノミー）を提唱しました。タキソノミーは、「認知領域」「情意領域」「精神運動領域」の3領域から構成され、教育目標を多面的かつ階層的に示しました。目標の明確化とは、何をどのような観点で評価するかだけでなく、どの程度できれば合格レベルなのかを明らかにすることです。最終的に学習者が到達してほしい具体的な姿（行動目標）から出発して評価を捉えることで、画一的・一面的な測定・評価を脱却し、さまざまな評価の方法や可能性を拓くことになりました（西岡ほか2015）。

日本でも、相対評価への批判から、1970年代半ばには到達目標に基づき指導・評価を行う絶対評価が登場し、その後も「観点別評価」や「目標に準拠した評価」などの形で発展してきました。一方、到達目標を明確に設定することで、想定し得ない重要な学びや発達を見逃してしまう可能性があることや、タキソノミーの段階的な発想が、とりわけ知識習得過程において詰め込み型学習を助長してしまう可能性があるという指摘もされています。

4 今日的な学習評価の論点を理解する

4.1 スタンダードに基づく教育評価：標準テストの再加熱

1990年代以降、多くの先進諸国において「目標に準拠した評価」は、学

力テストを用いた成果主義と競争主義を強化する新自由主義的な教育改革に取り入れられました(佐貫と世取山 2008)。特に、米国では説明責任要求の高まりとともに、州政府によるトップダウンによる統一的な標準テストの実施が進みました。また、各学校は共通に保障すべき目標内容と達成水準を明確にし、それに基づく教育改革を進めることが求められました。

その結果、スタンダードに基づく「ハイ・ステイクスなテスト」(大学入試などのように、テストの結果が生徒や教員・学校などに大きな影響を与えるテスト)の開発が進められました。さまざまな能力を標準化し、客観的に学習の成果を捉えようとする動きが再び活発化していきます。

4.2 エバリュエーションからアセスメントへ

エバリュエーションは、学習の結果を学習目標と照らして到達度を価値判断する行為を意味します。つまり、エバリュエーションは、標準テストや教育測定と結びつけられやすい評価です。

一方、1980年代以降、教育評価に関連する用語として用いられるようになったものに、アセスメントがあります。アセスメントは、多角的な視点から、多様な方法を用いて評価に必要な資料や情報を集める行為を意味します。両者の機能や役割の違いを明確にするために、新たな用語が用いられるようになりました。

新たな教育評価としてのアセスメントの特徴は「参加と共同」、「表現(パフォーマンス)」、「自己評価」であると指摘されています(田中 2017)。エバリュエーションの教育的側面を継承しつつ、新たなアセスメントの特徴と結合する形で登場したのが「真正の評価(authentic assessment)」と呼ばれる評価方法です。

4.3 真正の評価：構成主義的な学習・評価観

標準テストでは本当の学力、社会で応用できる学力を評価することはできないのではないかといった疑問や批判が高まる中、その応答として「真正の評価」と呼ばれる考え方が登場します(田中 2010)。これは、学校で学ぶ知識を実社会との関係の中で切り離されたものでもなく、実社会で意味をもつ「真正の(authentic)」のものへ変えていく必要があるという考え方で、ウィギンズらによって提唱されました(Wiggins 1998)。

真正の評価とは、「大人が仕事場、社会生活の場、個人生活の場で『テストされている』その文脈を再現したり、シミュレートしたりする課題(真正

の課題）に取り組み、そこでの成果物や実技などを総合的に評価する」もの
です。こうした真正の評価を支えているのが、構成主義的な学習観です。
それは、知識を日常から切り離されたものや個人の頭の中にあるものでは
なく、他者や道具との相互作用を含む社会的関係の中で構成されるものと
して捉えようとする考え方です。

4.4　パフォーマンス評価：学びの深さと幅広い能力を捉える評価

　従来の知識を量的に測定・評価する標準テストや客観テストの限界を克
服するため、学習者のパフォーマンスを直接的に評価する方法として「パ
フォーマンス評価」が登場します。ここでいうパフォーマンスとは、「現実
に近いような場面を想定した『リアルな』課題を解くときの『ふるまい』す
べてを総称するもの」（山口 2013）を指し、最終的な結果だけでなく、そこに
至る過程全体を含めて捉えようとするものです。

　パフォーマンス評価は、「知識を応用・活用・統合することを要求する『真
正の課題』に挑戦させ、実際の完成作品を生み出させたり、実演を行わせ
ることによって、理解の様相を把握しようとする方法」です（田中 2008）。パ
フォーマンス課題の例には、長期的に行われる実習やプロジェクト型学
習（サービス・ラーニングや学生主体の調査研究など）、比較的短期間に行われる実
験・演習、ロールプレイやデモンストレーション、単発的に行われるディス
カッション、ディベートやプレゼンテーションなどがあります。パフォー
マンス評価は、こうしたパフォーマンス課題に取り組む過程と成果物の
双方に対して行います。具体的な方法として、ルーブリック評価やポート
フォリオ評価があげられます。

　このように、学習評価の歴史は主観的な評価と客観的な測定の間を揺れ
ながら発展してきました。評価のための情報収集としての測定と、何らか
の価値を含む基準に照らした評価と、そのための情報収集としての測定は
背反するものではなく、どちらも学習評価に不可欠です（梶田 2010）。評価
の歴史は、私たちに両者のバランスを取ることの重要性と難しさを教えて
くれます。

2章

学習評価の構成要素を理解する

1 評価の時期

1.1 学習の前に評価を行う（診断的評価）

　学習評価が単に学生の成績を判定するだけの機能しかなければ、教育活動の後に評価を行うだけでよいでしょう。しかし、学生の学習目標到達を支援するのであれば、それでは不十分です（田中 2010）。そこで、評価を行うタイミングが異なる三つの評価を活用して、学生の学習を支援します。

　その一つめは、学習の前に行う評価です。学習者の学習のレディネス（既有知識や動機づけなどの準備状態）を把握したり、その情報をもとに学習計画を設計したりするために行われる評価のことで、これを診断的評価と呼びます。たとえば、これから授業で扱おうとする知識について、受講生が実際どの程度すでに知っているのかを確認・把握するための受講前アンケートや基礎学力テスト、習熟度別にクラス分けするためのプレイスメントテストなどがあります。評価結果は、教える内容を調整したり、授業計画を修正したりすることに利用したり、学生の既有知識の程度に応じたグループ分けなどに使います。

　ただし、診断的評価には限界もあります。学習者の状態が把握できたとしても、能力や既有知識に大きな差がある場合は、全員に最適な学習を提供することができないかもしれません。能力や既有知識が不足している学習者には、補助教材や追加課題を与えて差を埋める、同じグループ内に能力が高い学生や知識を多くもつ学生を配置する、基準に達していない人の受講を断る、などの対応が想定されます。

1.2 学習中に評価を行う（形成的評価）

　学習評価は、学習の進行中にも行えます。学習者の理解度・達成度を把握し、その情報をもとに残りの授業計画を修正したり、学習者に現状をフィードバックし、残りの学習の改善を促すことを目的として行う評価のことで、これを形成的評価と呼びます。授業ごとの小テストや、学期の中頃に実施する中間テストや中間アンケートなどが該当します。

　形成的評価の結果は、教える内容や教え方を修正する、補足説明の機会を設ける、追加の課題を出す、テストの内容を見直すなどに活用します。すなわち、学生が自分の弱みや課題に気づいたり、教員が授業内容や教え方を見直すための評価であり、成績に反映させるとは限りません。

　形成的評価を行う際には、回数と対象に注意しましょう。時間のかからない小テストであれば何度もできますが、期末テストと同じ時間・問題量で行うテストの実施は頻繁にできません。形成的評価は学期中に何回行うのか、学習者への負担や1回あたりの所要時間も勘案して、あらかじめ授業計画に組み込んでおきます。また、到達目標に関連するものだけを対象にします。形成的評価は、学生が目標の到達に向かって進んでいるかを自己評価する機会になります。対象を限定することで、学習のペースメーカーとして機能したり、動機づけを高めることができます。

1.3 学習後に評価を行う（総括的評価）

　最終的な学生の学習成果を評価することを、総括的評価と呼びます。期末テスト、最終レポート、合否判定などが該当します。最終的な学習の成果を把握し、成績をつけることに加え、学習者に評価結果をフィードバックし、学習活動全体に対する振り返りを促すことも大切です。総括的評価でも、授業で扱っていない内容や到達目標に示されていない内容で評価したり、学習者の学習活動の量や質が反映されないような評価方法を用いないようにします。

　診断的評価、形成的評価、総括的評価はいずれも、学生の学習を促進したり目標の到達を支援する目的で行われます。総括的評価は成績判定のためだけに行われると考えられがちですが、成績判定は学習支援の一環として行います。

2 評価の主体

2.1 他者が評価を行う

誰が学生の学習を評価するかという評価の主体別に分けると、大きく他者評価、自己評価、ピア評価の三つがあります。このうち、多くの授業で取り入れられている方法が他者評価でしょう。

他者評価のうち、最も一般的なのは授業担当教員による評価です。他にも、授業担当外の教員、ティーチング・アシスタント、実習先の指導者、地域・行政・企業等の学外者も他者評価の主体になることができます。授業担当教員以外が評価を行う場合は、原則として形成的評価に関わってもらう方がよいといえます。しかし、実践、実演、実技、発表などのパフォーマンス課題では、総括的な評価にも関わってもらうことが望ましい場合もあります。その際は、評価の方針、基準、観点などを事前に確認し、文書で共有しておくようにします。

2.2 自己評価を行う

学生自身が評価の主体になることを自己評価と呼びます。自己評価は、学生が自分の学習を客観化することによって、自律的な学習者として成長するためにも有効です。自己評価は、診断的評価、形成的評価、総括的評価のいずれにも活用できます。

自己評価では、学習成果や学習の経験を振り返ることが重要な活動です。そのため、教員は学生が効果的・効率的に振り返りができるよう、学習の記録をつけさせる、提出物のコピーを保存させる、振り返りのための質問リストを用意させましょう。

自己評価をさせることは学習内容の理解だけでなく、自分で学習方法を改善したり、自ら高度な学習へ進んだりといった、卒業後に必要な生涯学習能力の育成につながります（Brew 1999）。そのため、大学教育では多くの授業で取り入れることが望ましい評価方法です。

学生の自己評価については、能力の低い人ほど高い評価を、能力の高い人ほど低い評価をするといわれています（Brown et al. 1997）。こうした自己評価の認知的な歪みは、ダニング＝クルーガー効果（Kruger & Dunning 1999）とも呼ばれています。そのため、学生に単に自己評価させるだけでなく、教員からもフィードバックを行い、自己評価と他者評価を比較させることで、自らの評価を客観化する機会を設けることも重要です。

2.3 他の学生が評価を行う

　学生が他の学生を評価する主体になることをピア評価と呼びます。ピア評価では、学生が定められた評価基準に沿って他の学生を評価したりフィードバックを返したりします。この経験を通じて、学生は評価の観点や基準をより深く理解し、学習への動機づけを高めることも期待されます。すなわち、単に他の学生を評価するだけでなく、他者の評価を通して自らも深く学ぶことを目的にしています。

　ピア評価は、授業中のさまざまな場面で活用することができます。試験答案を相互に評価する、提出前のレポートを相互に評価する、他の学生の実演や発表の評価を行う、グループ活動への貢献度を相互に評価するなどがあります。慣れないうちは多肢選択型の試験のような、回答が明確な評価から始めるとよいでしょう。採点と、不正解項目へのコメント作成に取り組んでもらいます。レポートや実技の評価では、質的な評価は難しいため、観点別のチェックリストを作成して量的に評価できるように工夫します（129ページ参照）。

3　評価の基準

3.1　評価規準と評価基準を区別する

　評価を行うには、テストの得点やパフォーマンスの質について、比較や照合のために何らかの枠組みが必要です。授業を設計する際は、授業の到達目標に加えて、評価の枠組を設計しなければなりません。この枠組みを構成するものに、評価規準（criterion）と評価基準（standard）があります。

　評価規準は、何をもって評価するのかという「ものさし」にあたり、学習目標と対応します。たとえば、実験の授業で「実験を適切に行うことができる」という学習目標を立てたとします。それを「実験器具を準備できる」「仮説や要因計画を立てることができる」「実験器具を操作できる」「実験結果をレポートにまとめることができる」といったように具体的な行動として記述していくのが評価規準です。

　評価基準は、設定した評価規準をどの程度到達しているのかという、ものさしの「目盛り」にあたります。目盛りは数値で示すことが一般的ですが、数値では具体的な到達状況を示すことができない場合があります。たとえば、先の「実験器具を準備できる」という例で考えると、基準A「1人で

10分以内に使用する状態にできる」、基準B「他者の力を借りれば10分以内に使用する状態にできる」、基準C「10分以上あれば使用できる状態にすることができる」といったように、具体的な行動を基準として明示し、それに基づいて評価します。

なお、評価基準を明確にすることは、次のようなメリットがあります（Walvoord & Anderson 2010）。

・成績評価の時間を短縮できる
・一貫した公平な成績評価ができる
・教員が学生に何を期待しているかを伝えることができる
・教える内容を明示できる
・授業の内容と過程との基本的な関係を明らかにできる
・学生は学習目標を理解しているので、学習への参加を促進できる
・学生同士で学習計画について建設的な意見交換を促進できる
・一緒に指導している教員やアシスタントの間で、同じ基準でレポートを評価できる
・関連する授業を担当している教員同士で、お互いの評価基準を検討できる

3.2　集団内で評価する

特定の集団内で占める位置や序列を示す評価法を「相対評価」または「集団準拠評価」と呼びます。たとえば、よく使われる基準に5段階評価があります。特に、学生の成績が正規分布に従うと仮定して、最上位7％はA、次の24％はB、次の38％はC、次の24％はD、最下位7％はEとする方法がよく使われます。しかし、実際の能力が正規分布に従うとは限りません。上位10％のみをAとし、B以降は目標の到達度で評価することもできます。また、成績を3段階や4段階で評価することを定める大学もあります。

相対評価のメリットには、次のようなものがあります。

・教員による主観的判断ではなく、集団の中での比較によって客観性を保証できる
・一定の定員の中で学生を選抜する際に利用できる
・学生自身が集団内での自分の位置を客観的に知ることができる

一方、デメリットには、次のようなものがあります。

・学生個人の努力や到達度にかかわらず、集団内で必ず低い評価を受ける者が出る
・そのことが学生の学習意欲を低下させる恐れがある
・相対的位置を高めるためには、他の学生を追い抜く必要があり、排他的な関係や競争を奨励することになる
・実際に何がどの程度理解できているのかがわからない

3.3 基準に沿って評価する

　集団内での相対的な位置ではなく、集団外から与えらえる基準に沿って行う評価法を「絶対評価」と呼びます。目標準拠評価とも呼ばれます。目標準拠評価の代表的な形態が到達度評価です。学習目標を定め、それを量的・客観的に判断するための基準を設定し、到達したかどうかを測定・評価するというものです。

　この評価のメリット・デメリットは相対評価の裏返しです。特に、絶対評価の特徴としては、あらかじめ設定した目標に照らして評価するため、目標の実現状況を的確に把握し、指導の成果と課題を確認して学習指導の改善に活かすこと、いわゆる「指導と評価の一体化」が可能になること（勝見2010）があげられます。一方、この方法は知識・理解など認知領域の一部では実施しやすいものの、技能・表現、関心・意欲・態度などの非認知領域では基準を明確に定めることが難しいという課題もあります。

　また、この評価には、目標にとらわれて実践が硬直化するのではないか、目標を超えた価値を見逃してしまうのではないか、成果として可視化しにくいものには適さないのではないか、といった批判もあります。

3.4 個人内で評価する

　個別の学生に着目して、継続的・全体的に行う評価を「個人内評価」と呼びます。学生個人の過去の能力や特性と比較して、どの程度進展したかを判断する「縦断的個人内評価」と、学生個人のもつ多様な側面を比較し、得意・不得意や長所・短所を判断する「横断的個人内評価」の二つがあります。

　前者は、たとえば入学時には30点だった英語のテストが、1年終了時には50点まで伸びたといったような場合に用います。100点満点では、50点という点数は決して高くありませんが、20点伸びたことに注目します。

後者は、人前で話すことは苦手だけれども、文章を書くのは得意といった場合に用いるものです。1人の個人があらゆる面で高い成果をあげることは困難です。個人の長所や適性を評価する際に用います。

この方法は、目標の到達度ではなく、努力や成長あるいは多面的な能力を評価できる点が特徴です。学生の多くは、到達度だけでなくその過程や努力を正当に評価してほしいという意見をもっており、そうした期待に応えることができます。

4　評価の方法

4.1　直接評価と間接評価

学習評価の方法は、評価対象へのアプローチという点から、大きく分けると直接評価と間接評価の二つがあります(図1)。直接評価は、学生の知識や能力を成果物から直接的に評価します。TOEICや国家試験の過去問のような標準テスト、多肢選択問題や計算問題のような客観テスト、ルーブリックやポートフォリオを活用したパフォーマンス評価が相当します。間接評価は、学生自身が自らの学習行動や成長感について自己評価したものを間接的に評価します。学習成果に関するアンケートやインタビュー、学習経験に関する振り返り記録などが相当します。

間接評価は、学生が適切な自己評価ができるようになるうえで効果的な

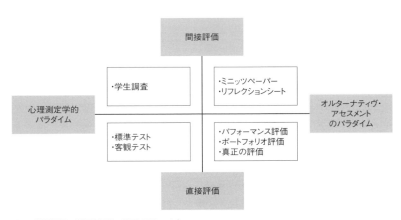

図1　学習評価の構図（出所　松下 2012、p. 81）

方法です。教員にとっては直接評価の方が利用しやすいものの、自律的学習者の育成を目指す大学教育では、間接評価を積極的に取り入れてみるとよいでしょう。

4.2 筆記型評価と実演型評価

図2は、学習評価の方法を分類してまとめたものです。学習評価の方法は筆記型と実演型に分けられます。さらにそれらを、単純なものから複雑なものへ並べて整理しています（田中 2010）。

筆記型評価で最も単純なものは選択回答式の試験で、正誤問題や組み合わせ問題が含まれます。これに対して自由記述式の問題は、やや複雑な評価になります。レポートや論文などの筆記は最も複雑な評価で、パフォーマンス評価に含まれます。パフォーマンス課題は、さまざまな知識やスキルを統合して使いこなすことが求められる課題を指します。レポートや論文は、高次の認知的能力が必要となります。

実演型評価で最も単純なものは、質問への応答です。これに対して、口頭試問や技能の実演はやや複雑な評価になります。最も複雑な実演の課題にはプレゼンテーション、ディベート、シミュレーション、音楽の演奏やスポーツの試合などが含まれます。これらは、さまざまな知識やスキルを統合して実際の場面で使いこなすことが求められるパフォーマンス課題です。

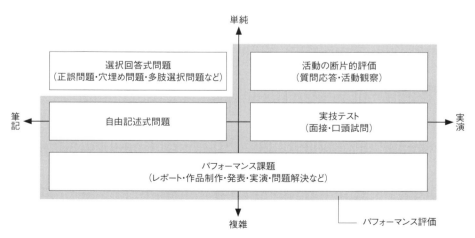

図2　さまざまな評価の方法（出所　田中 2010、p.76を参考に作成）

4.3　パフォーマンス課題を理解する

　パフォーマンス課題には、大きく「短い評価課題」「より大掛かりなイベント課題」そして「長期にわたる拡張課題」の三つがあります（ハート 2012）。

　「短い評価課題」は、ある学習の中で、基本的概念、手続き、関係、思考スキルなどをどれほど習得しているかを判断するために使用されます。代表的な課題の例に「オープンエンドな課題」があります。これは、一次資料、地図、図表、写真など課題の素材を示し、学生に計算、説明、予測、解釈、描写を求める課題です。たとえば、七つの異なる資材の上に水滴を垂らしたときに、水滴がどのようになるかを予測してもらいます。学生は、学習した知識を活用して個人で課題に取り組みます。

　「イベント課題」は、1回から数回の授業を使い、複数の学生で取り組む課題を指します。たとえば、ある症状を訴える患者との問診を記録した文章を読み、治療計画を立てるうえでどのような情報が必要かをグループで検討します。個人学習で必要な情報をまとめた後に再びグループで集まり、治療計画をまとめて報告します。学習評価は、学生が提出した文章や口述によって行います。

　「拡張課題」は、授業全体あるいは授業の大部分を使用して学生が主体的に取り組む多目的プロジェクトを指します。たとえば、特定の条件下で植物を栽培する、近隣小学校で運動会を運営する、自治体職員の立場で市民サービスの改善に取り組むなどのプロジェクトがあります。学習評価には時間も労力も必要ですが、取り組むことに価値があるプロジェクトです。学生が提出した文章や口述に基づいて評価を行います。

5　評価の適切さ

5.1　信頼性

　どのような評価方法を用いるにしても、それが測りたいものを測れているかを検討することが大切です。評価の適切性とは、「信頼性」「妥当性」「効率性」「公平性」のことです。これらを高めることで、評価をより適切に改善することができます。

　信頼性は、評価結果の安定性を問う概念です。すなわち、評価を複数回行っても同一学生の評価がほとんど変わらないことを指します。たとえ

ば、パフォーマンスが同程度の複数の学生に対して教員の評価結果が異なる場合、評価者内での信頼性が低いことを意味します。また、同一学生のパフォーマンスに対して複数の教員の評価結果が異なる場合、評価者間での信頼性が低いといえます（西岡ほか 2015）。この場合は、評価の指標、基準、観点を見直す必要があります。

　具体的には、明確な指示を出したり、採点基準を明確にしたりして改善します。たとえば、「地球温暖化について説明しなさい」という指示よりも、「地球温暖化の要因を三つあげ、それぞれの特徴を説明しなさい」と指示する方が、信頼性の高い評価ができます。論述式試験やレポート課題では、チェックリストやルーブリックを用いることで信頼性を高めることができます。

5.2　妥当性

　妥当性は、評価したいものを本当に評価できているかを問う概念です（田中 2010）。すなわち、設定した評価基準や評価方法が目標の到達度を適切に評価できているかどうかです。理解や能力は直接観察できないため、筆記や実演といった観察可能な事象から推論する必要があります。この推論が正しく行えない場合は、妥当性が低い評価といえます。

　たとえば、初年次セミナーで設定される目標には、文献検索ができる、先行研究の批判的検討ができる、建設的に議論ができる、論証型の小論文が書けるなどが含まれます。そうした授業で、多肢選択問題の期末試験のみで評価を行うことは、目標の到達度を適切に評価しているとはいえません。また、初年次セミナーにおいて課された小論文で、学術的に独創性のある課題設定、厳密な研究計画、高度な研究方法を用いるデータの処理を求めることも妥当性が高いとはいえません。

5.3　効率性

　効率性は、評価の実施にかかる時間的、経済的コストに関わる概念で、多くの教員が関心をもつ観点です。たとえば、参加者が100人を超える授業の場合、1人ずつ口述試験を行うことは現実的ではありません。信頼性や妥当性を損なわない限り、できるだけ実施が容易な評価方法を選びましょう。また、マークシートなどの機械処理が可能なツールを活用する、オンラインテストや学習管理システム（LMS）などのICT（情報通信技術）を活用する、ティーチング・アシスタントを活用する、ピア評価を活用する、他の教

員と分担する、外部テストを活用するなどの工夫によって効率性を高める
ことができます。

5.4 公平性

　公平性は、すべての学生に対して評価したい能力が評価できることを指
します。一般に、一つの評価方法は、評価したい能力だけでなく、付随する
能力も評価しています。筆記試験であれば文字を書く能力、口述試験では
明瞭に話をする能力が付随する能力です。一部の学生にとっては、付随す
る能力の問題で本来評価したい能力が正当に評価されないことがありま
す。できるだけ付随する能力が少ない評価方法を選ぶとともに、同じ能力
を評価できるのであれば、複数の評価方法を示して学生に選択する機会を
設けることで、公平性の高い評価が行えます。

　たとえば、「道徳教育のための基礎理論の中から代表的な二つの理論を
選び、それぞれの特徴（長所・短所）について比較検討しなさい」という問い
に答える学期末の論述試験を考えてみます。90分の試験時間で、A3判の
答案用紙に600字から800字程度で回答することが想定されています。
この問いに答えるには、基礎理論に関する知識、それらを比較検討する軸
の設定、それが重要な論点であることの論証などに加え、答案用紙に文字
を書く能力が必要です。もし、留学生など正しい日本語を正確に書くこと
が困難な学生、字を書くことが極端に遅い学生、指定された罫線ではうま
く文字が書けない学生などがいた場合、問いに答える十分な理解を備えて
いても評価ができなくなります。すなわち、評価したいものを評価できて
いない可能性があります。

　こうした場合、大きく二つの対応方針が考えられます。一つは、評価した
いものを評価できるよう、学生にとっての障壁を減らすことです。解答時
間を延長する、大きな用紙を用意するなどがあります。もう一つは、代替的
な方法の選択を認めることです。筆記による解答に加え、タイピングでの
解答、英語での解答、口述での解答から学生が選べるようにします。

第2部

学習評価を設計する

3章

目標と評価を整合させる

1 目標に沿って評価する

1.1 逆向き設計の原則

　学習評価の設計は、目標の設定、内容の決定と並んで、授業設計の重要な構成要素です。学習評価の設計の前には、授業の目標が明確になっていることが前提です。すなわち、①求める成果（目標）を明確にする、②承認できる証拠（評価方法）を決定する、③学習経験と指導を計画するという順に授業設計を行います。これを逆向き設計の原則と呼びます（ウィギンズとマクタイ 2012）。

　伝統的には、授業内容を決めた後で評価方法を決めたり、授業の進み具合に合わせて評価方法を決めていました。現在の状況から将来の評価方法を決めるのではなく、授業終了時の到達目標と評価方法を先に決め、将来から逆算して現在の授業計画を立てる点が逆向き設計の意味するところです。

1.2 求められている成果を明確にする

　求められている成果を明確にする際は、目標の領域と水準の二つを明確にします。たとえば、多くの教員は、学生に単に知識を獲得するだけでなく、知識の背景や周辺の情報も合わせて深く理解し、問題解決や意思決定に活用してもらいたいと考えるでしょう。こうした期待される行動を明確に表現する際によく用いられているのが、ブルームの教育目標分類（タキソノミー）です（ブルームほか 1973）。

　タキソノミーは、認知領域、情意領域、精神運動領域の３領域から構成され、各領域はさらに複数の段階に分かれています（表1）。一つめの「認知領

表1　ブルームの教育目標分類

		認知的領域	精神運動的領域	情意的領域
低次	1	知識	受け入れ	模倣
↑	2	理解	反応	巧妙化
	3	応用	価値づけ	精密化
	4	分析	組織化	分節化
↓	5	総合	個性化	自然化
高次	6	評価		

出所　梶田（2010）、p.128を参考に作成

域」は、知識・思考など「知識」に関わる目標です。知識を記憶・想起する段階から、それらの知識を活用して他の問題を理解したり応用・分析したりすることを通じて、最終的にそれらを統合し、内的・外的基準のもとで適切に評価できるようになることを目指します。二つめの「精神運動領域」は、身体やものを操作するなど「技能」に関わる目標です。他者の動作を観察し模倣する段階から、指示に従って遂行できる段階を経て、最終的に、その技能が自動化され、自然に高いパフォーマンスを発揮することができるようになることを目指すのがこの領域です。三つめの「情意領域」は、物事を受け止めたり表現したりするなど、「態度」に関わる目標です。受動的に物事を受け止め反応する段階から、最終的にそれを自分の個性として表現できるようになることを目指しています。表1を参考に、教員が期待している行動がどの領域のどの水準のものかを特定しておきましょう。

1.3　行動目標で評価につなげる

　目標の領域と水準を明確にした後に、それを行動で表現できるかを検討します。到達目標を行動で表現できると、評価可能で学生にも理解しやすい形で伝えることができます。

　たとえば、「授業終了時に経済学者のように考えられるようになる」という目標は行動目標のように見えますが、学生にはどのような行動をとればよいかわかりません。「失業を定義できる」「フィッシャー方程式を用いて資金調達行動を説明できる」のような、評価可能な形で表現します。

　行動目標の検討では、表2のような行動目標例を参考にすることができます。行動目標は、学生の思考や理解のような内面的な能力を、観察可能な

表2　認知領域の水準に応じた行動目標の例

水準		行動目標の例
1	知識	思い出す　列挙する　並べる　述べる　対応させる　選ぶ
2	理解	説明する　要約する　言い換える　図示する　分類する　反論する　推論する　同定する
3	応用	用いる　計算する　解く　適用する　援用する　描写する　操作する　実践する 関連づける　提示する　解釈する　実演する
4	分析	分析する　分類する　比較する　分別する　修正する　生産する　予測する　特徴づける
5	総合	創造する　仮説を立てる　組み立てる　開発する　計画する　設置する　構成する 定式化する　モデル化する　再構築する　再定義する
6	評価	判断する　評価する　批判する　正当化する　判定する　識別する　支援する　結論づける 価値づける　評定をつける

出所　Anderson et al. (2013) を参考に作成

行動によって測定するためのものです。行動目標を活用するメリットは、学習目標と評価方法の整合性を高めることができる点です。

　たとえば、表2の「6 評価」の水準には「批判する」という行動が示されています。学生が学んだ概念や考え方の限界や問題点について批判できるかどうかを確かめるには、穴埋め問題や多肢選択型の試験では十分に評価できないでしょう。レポート課題を課す際に、批判ができているかどうかを確認するには、それに適したテーマや執筆条件の提示が必要です。また、口述試験を行う場合、プレゼンテーションをさせるだけではなく、教員との質疑応答が必要でしょう。

1.4　目標の構造を明確にする

　目標に対応した評価を検討する際は、目標の構造を明らかにしておくことも有益です。たとえば、授業の最終課題に自治体の政策を評価するレポートを課す授業を考えてみます。これは、認知的領域の「分析」と「統合」水準の目標で、政策評価に関する事実的知識と、政策文書を入手して分析する具体的なスキルを組み合わせて取り組むことが期待されています。そこで、授業ではそれらの知識を扱う単元とスキルの練習をする単元で構成し、それぞれについて個別の小テストを行うこととします。図3はこれらの関係を示したものです。

　たとえば、「失業を定義できる」「フィッシャー方程式を用いて資金調達行動を説明できる」という目標は事実的知識であり、筆記の小テストで評

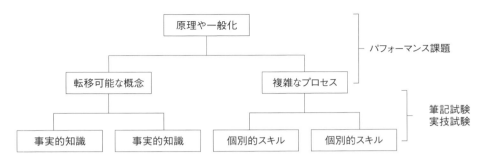

図3 目標の構造と対応する評価（出所　西岡 2016、p.2を参考に作成）

価します。これらを統合して「日銀のマイナス金利政策が各経済主体に与える効果を分析できる」という目標は、事実的知識を活用して転移可能な概念を獲得するための目標になり、口頭で発表させたり、論述させたりして評価します。このように複数の目標とそれに対応する評価方法は、構造化されている必要があります。

2　評価の対象を明確にする

2.1　評価設計の四つの問い

　学習評価の設計は、学生の学習に大きな影響を与えます。そのため、学習評価は単に成績評価の方法を示すだけではなく、学生が学習の進み具合を把握でき、それに関するフィードバックを受けることができ、その経験を最終的な学習成果につなげられるように設計します。

　学習評価の設計は、次の四つの質問に答えることから始めるとよいでしょう（Brown & Glasner 1999）。

・なぜ評価をしなければならないのか
・具体的に何を評価するのか
・どのような方法で評価したらよいか
・どのタイミングで評価したらよいか

　四つの質問は、学生の学習を促進する評価を設計するための順序立った質問です。すなわち、評価の目的、評価の対象、評価の方法、評価のタイミン

グの段階に沿って評価を設計すべきことを教えてくれています。

2.2 何を評価するかを選択する

　何を評価の対象とするかを決めることは、評価設計において重要ですが、難しい作業です。なぜなら、大学における授業を通して学生が獲得すべき高度な能力や技能は、簡単に測定できない場合がほとんどだからです。

　何を評価するかを決めることは、学生に何ができるようになるかを決めることと同義です。たとえば、生物学実験の授業では、毎回の授業で手引き書に基づく実験を行い、提出された実験レポートで学習評価を行っています。しかし、学生は毎回の実験が忙しく、レポート作成に十分な時間をかけておらず、レポートの書き方もよくわかっていないようで、考察が不十分だったとします。このとき、教員は「自分が学生に求めている成果は何か?」「質の低いレポートを十数回作らせることが授業の目的なのか?」と自問することになります。

　本当に評価したい能力は「十分な考察を行ったレポートを書くことができる」ことであれば、はじめの1〜2回の授業で、実験レポートの冒頭部分の書き方を扱い、その後数回分の授業を使ってデータのまとめ方を扱います。授業中盤からは、実際に実験をしながら得られたデータの考察のまとめ方を扱います。

網羅中心の授業から評価中心の授業に変える

事例　初年次向けの教養教育科目である「西洋思想史」の授業では、当初、網羅的に教えられていました。この授業を前任者から引き継いだ担当教員は、前任者のシラバスを参考にして1500年から冷戦期までの西洋思想史をカバーすればよいと考えていました。

　そこで教員は、次のように考えます。「まず授業の中で外せないトピックには、バーク・ペイン論争、マルクスの『共産党宣言』、コンラッドの『闇の奥』などがありそうだ。授業の前半で1500年代から1800年代までをカバーして、後半は1800年代から現代までにすればよいだろう」。その結果、次のような授業計画を立てます。

　第1回　ルネッサンス
　第2回　17世紀の危機

第3回 　絶対主義

第4回 　トマス・ペイン『理性の時代』

第5回 　フランス革命

第6回 　バーク・ペイン論争

第7回 　中間試験

第8回 　産業革命

第9回 　マルクス『共産党宣言』

第10回 　帝国主義

第11回 　コンラッド『闇の奥』

第12回 　第1次世界大戦

第13回 　ラフォーレ『Long Fuse』

第14回 　第1次世界大戦、第2次世界大戦と冷戦

第15回 　期末試験

　この授業計画をもとに、教員は二つの試験内容を決めます。シラバスでは次のように示しました。

・中間試験、期末試験はレポート課題を出します。授業中に示した問い、テキストの内容、授業中に示した参考文献を用いて、レポートを作成してください。中間試験では、1500 〜 1800 年までを、期末試験では全期間を (ただし、1800 〜現代を中心にすること) 対象にしてください。

　教員がレポート課題を設定した意図は、特定の問いに対する論理的で一貫性のある議論の展開です。しかし、学生の多くは、課題から何が評価対象とされているかを読み取ることは困難です。この場合、多くの学生は、教員が授業中に強調した断片的な知識を多く含めるほど、レポートで高い評価を得られることを期待して文章を作成します。

　そこで、何を評価するかを中心に設計し直すことにしました。まず、学生に授業終了時に、どのようなことができるようになってほしいのかを明確にすることから始めます。この授業は、初年次向けの教養教育科目であるため、専門的な内容に深く立ち入ることは期待されていません。むしろ、教養として歴史学特有の議論の作法を身につけてもらう方が重要です。そこで、次のような目標を定めます。

・歴史上の重要な出来事と人物を説明できること
・歴史上の資料やデータを用いて、次の三つの条件を満たす議論ができること：①自分の立場を明確にする、②自分の立場を支持する歴史的資料・データを示せる、③自分の立場に反する立場への反論ができる

　このような目標は、何を評価するかと表裏一体となっているため、これに基づいてどのように評価するかを決めることができます。この授業では、次のような3回のレポート作成で、上のような目標に到達できると考えました。

・「理性の時代」とフランス革命に関する論争レポート（課題1）
・産業革命と帝国主義に関する論争レポート（課題2）
・第1次世界大戦、第2次世界大戦と冷戦に関する論争レポート（課題3）

　初年次の学生の多くが論争レポートに不慣れなことを考慮して、初回の授業で三つの条件を満たす論争の例を、ルネッサンスを題材にして示すことを考えます。授業中は、論争上の問いを中心に示すことで、レポートに備えさせます。6回めの授業以降に、三つの課題に取り組みながら、論争レポートに慣れていくスケジュールを考え、おおまかな授業の展開として、次のような計画を考えます。

　　第1回：基礎的知識を用いて議論と反論を組み立てる方法
　　第6回：『理性の時代』とフランス革命に関する論争レポート
　　第10回：産業革命と帝国主義に関する論争レポート
　　第15回：第1次世界大戦、第2次世界大戦と冷戦に関する論争レポート

　このように授業の大枠ができると、到達目標、評価方法、授業内容の整合性がとれた授業設計につながります。学生も教員の意図を理解して、レポートでどのような成果が求められているかを理解し、そのための準備ができるようになります。
　専門分野によってどのように評価するかは異なりますが、この事例の

ように、何が重要な目標なのか、何を評価するのかを中心として授業を
設計することは、多くの授業で応用可能でしょう。

(Walvoord & Anderson 2010、pp. 14-18を参考に作成)

2.3 何を評価しないかを確認する

「A」や「優」などの成績は、学習成果に対して与えられるものですが、大
学外から見るとそれらの高い評価結果は「勤勉さ」や「教員との関係性の
良さ」を表す指標として考えられることもあります。実際に、学生の多く
は成績の7割を学習成果で、3割を勤勉さや出席状況など受講態度で評価
されることを望むという調査もあります (Bloxham & Boyd 2007)。しかし本
来、成績評価は学習成果に基づいて行われるものです。受講態度を評価の
対象に含めることは、学術的に高い成果を修めた学生の意欲を低下させる
可能性があります。

一般に、評価の対象にすべきでないものには次のようなものがありま
す。

- 出席：授業への出席は学習の促進に不可欠ですが、出席が学習目標に
  含まれないのであれば、評価の対象にするべきではありません。また、
  成績の10%を出席で評価するという方法は、欠席回数が多い学生に
  とって過度に大きなペナルティになります。欠席が目標の到達を困難
  にすることに加えて、欠席自体が評価を下げるという二重の負荷がか
  かるためです。
- 授業中の活動への参加：少人数授業における議論や討論への参加も、
  それ自体が学習目標に含まれない場合は、評価の対象にするべきでは
  ありません。単に発言回数の多い学生を過度に高く評価し、慎重に考
  えて発言する学生を過度に低く評価する危険があります。
- 文章表現：レポート課題における、格調高い文章表現、高い語彙力、比
  喩や格言などへの造詣の深さなども、それ自体が学習目標に含まれな
  い場合は、評価の対象にするべきではありません。なお、教員はそうし
  た文章を高く評価する傾向があることに注意しましょう。
- 個人的な要素：教員と考え方が合う学生、親しみやすい学生、勤勉な学
  生、親切な学生など、個人的な性格や行動も高く評価したくなります
  が、個人の価値観によるところが大きく、評価の対象外とします。

ただし、汎用的能力としての意欲・関心・態度を学習目標に含めることは可能です。たとえば、課題解決のために目標と計画を立てて実行する自己管理力、課題解決のために他者を動機づけるリーダーシップ、社会規範や専門職規範に沿って課題解決に取り組む倫理観などは、態度領域の重要な学習目標です。これらを学習目標に含めた場合、評価基準を明確にする必要があります。

3　評価の方法を設計する

3.1　目標に適した評価方法を選ぶ

　教育活動で用いられる評価方法にはさまざまな種類があり、目的に合わせて選びます。大学でよく使われる評価方法には、筆記試験、学習記録（学生が作成した日誌、ワークシート、フィールドノートなど）、プレゼンテーションを含む口述試験、観察（実験、実習、シミュレーション学習、ロールプレイ学習などの活動中の成果・態度・発言など）、レポート、制作物（刊行物、図面、作品など）があります。

　表3は、それぞれの評価方法が、どの目標の評価に適しているかをまとめたものです。たとえば、筆記試験は知識や理解の評価には適していますが、関心・意欲や技能の評価には適していません。大学教育で重視される思考力や判断力の評価には、口述試験やレポート試験が適しています。

表3　目標に対応した評価方法の選択

	知識・理解	思考・判断	技能	関心・意欲	態度
筆記試験	◎	○			
論述課題	○	◎			
レポート課題	○	◎	○	○	◎
観察法	○	○	◎	◎	○
口述（面接）試験	◎	◎		◎	○
実技・実演		○	◎	○	○
ポートフォリオ			○	○	○
自己評価				◎	○

◎:適している、○:適しているが工夫が必要　　　　　　　出所　梶田（2010）、pp. 164-166を参考に作成

3.2 目標の構造に沿って評価を設計する

　目標の構造を明確にすると、成績評価の設計も容易になります。評価基準の設計の原理には大きく二つあります(Nilson 2010)。一つは、より多くの目標を到達するほど成績を高くするという方針です。たとえば、経営組織論の授業が、組織構造の理論、人間関係の理論、政治取引の理論、組織文化の理論の大きく四つの単元で構成されている場合、それぞれの単元で合格・不合格を決め、4単元に合格できればA、3単元に合格できればBのように決めるというものです。

　もう一つは、より高次の目標に到達するほど成績を高くするという方針です。たとえば、微分・積分1の授業において「基本的な微分計算」「高次導関数」「テイラー展開」「近似計算と誤差評価」という順に難易度が上がる場合、最も高次の目標まで到達できればA、2番めに高い水準まで到達できればBのように決める方法があります。

　また、これら二つを組み合わせて、より多くの目標について、より高次の

表4　到達目標と評価方法の関連性の明示

評価対象			1 チェックテスト(6回)	2 リフレクション・シート(8回)	3 グループワーク(2回)	4 学生生活ビジョン(1回)	5 最終レポート(1回)
到達目標	領域	配点	15点	28点	25点	7点	25点
1. 大学・大学生の変遷や意義について説明することができる	知識	28点	○(15)	○(8)			○(5)
2. 大学生としての自覚をもち、学生生活のビジョンを描くことができる	態度	12点				○(7)	○(5)
3. 主体的・積極的に授業や授業外活動に参加することができる	態度	27点		○(12)	○(10)		○(5)
4. 論理的・批判的に考え、それを文章や口頭で他者に伝えることができる	技能	18点		○(8)	○(5)		○(5)
5. 他者の意見を尊重し、グループ活動を円滑に進めることができる	技能	15点			○(10)		○(5)

目標に到達するほど高い成績とすることもできます。目標の構造を明確にしておけば、目標と評価の整合性の高い授業を設計できます。

表4は、到達目標と評価方法の関連性を明示する方法の例です。縦軸に到達目標を、横軸に評価方法を示して、それぞれの関連性と成績全体に占める重み付けが示されています。

3.3　同一科目を複数教員で担当する授業の評価

言語科目や数学などの基礎科目では、同一科目を複数の教員で教える場合があります。そうした授業では、共通の到達目標に対して同じ評価方法を用いるよう、教員間での調整が必要です。どのような評価方法を用いるかについて、担当教員間で合意しておきましょう。

そうした準備をしても、各授業間で評価に差が出ることは避けられません。それでもそうした差を最小化することはできます。可能であれば、次のような方法を検討してみましょう。

- ・担当教員同士が協力して、各授業間で共通の試験や課題を用意する
- ・各授業でAやBを与える学生の割合を決めておく（相対評価を取り入れる）
- ・レポート課題や口述試験の場合、中心となる教員が作成したルーブリックを他の授業でも使用する

4　所属組織の教育目標と対応させる

4.1　カリキュラムに沿って学習目標を設定する

学生が担当科目を通じて身につける能力は、学部や大学が掲げる人材養成目標や、カリキュラムポリシーを参照して確認します。特に、担当する科目がどの科目区分や配当年次に位置づけられているかを確認し、カリキュラム上で担当授業に期待されている役割を理解します。

たとえば、初年次セミナーを担当する場合、「読む」「書く」「調べる」「発表する」といった目標が学部や大学の教育目標と対応しているかどうかを確認します。

担当授業が外部の認証を受けたプログラムの一部になる場合もあります。たとえば、工学系のカリキュラムでは、日本技術者教育認定機構

(JABEE)の認定を受けているカリキュラムが多数あります。ほかにも、学校教員、学芸員、医療職を養成する専門職カリキュラム、語学、心理、統計に関連した公的資格取得につながるカリキュラム、情報、ビジネスに関連した民間資格取得につながるカリキュラムなど、外部と関連する授業は多数あります。外部認証に関連した科目を担当する場合は、その基準に合わせた教育が求められます。たとえば教員自身の所属が工学部でなくとも、工学部の学生が受講する共通科目を担当している場合、基準に合致した目標設定が求められます。

4.2 カリキュラムマップを活用する

　担当科目で設定した学習目標が、カリキュラム上期待される学習成果と整合しているかを確認する際には、カリキュラムマップを利用するとよいでしょう。カリキュラムマップは、表5のように、授業目標が学部の掲げる人材育成目標の項目に対応すると考える場合に印を付けたマトリックスを指します（沖 2014）。このマップを用いると、設定した目標の偏りを点検することができ、目標を見直す視点を得ることができます。

　表6は、この作業を具体的に示したものです。ディプロマポリシー（DP）に示された目標と照らし合わせ、担当科目で特に重視する項目に印を付け、それを確認しながら学習目標を設定します。こうした作業により、所属機関の教育目標、担当科目の学習目標、学習評価の整合性が高まります。

表5　カリキュラムマップの構造

	ディプロマポリシーで掲げられた能力1	ディプロマポリシーで掲げられた能力2	ディプロマポリシーで掲げられた能力3	ディプロマポリシーで掲げられた能力4
科目の到達目標1		●		●
科目の到達目標2	●			
科目の到達目標3	●			
科目の到達目標4	●			●

表6　ディプロマポリシーに沿った目標点検の例

人材養成目標

知識・教養	1	専門分野に必要な基礎知識・技法とその応用、専門分野に対する複合的な視点を確立するための幅広い領域の知識・技能
思考力	2	現代社会における諸課題を批判的に検討したり、それをもとに問題解決のプロセスなどを構想する論理的思考力
	3	知識・技能を活かして新たな価値を生み出す創造的思考力
コミュニケーション能力	4	日本語・外国語を理解し、論理的な文章を書く能力、自らの意見をわかりやすく伝える能力
	5	多様な文化への柔軟な理解、外国語による日常生活程度のコミュニケーション能力
	6	適切な情報・情報手段を選択して活用するための基礎的な知識・技能
	7	他者と協調・協働して行動できる能力、他者に方向性を示し目標の実現に動員できるリーダーシップ
倫理観・責任感	8	生涯にわたって主体的に学び続けようとする自己学習力
	9	人としてあるべき姿を自覚した倫理観
	10	社会を構成するものとしての責任感

授業科目名	授業の目的	学習目標	1	2	3	4	5	6	7	8	9	10
現代社会と教育	学校の病理的問題と現代社会との関わりを追究する	公教育システムの枠組みを説明できる。	◎									△
		社会問題として教育問題を分析できる。		◎	◎				△			
		論理的・批判的に考え、それを文章や口頭で他者に伝えることができる。				○		◎	△			
		他者の意見を尊重し、グループ活動を円滑に進めることができる。				○			◎	△		

人材養成目標のために、特に重要な学習目標＝◎、重要な学習目標＝○、関連する学習目標＝△

4章

成績評価の方法を設計する

1　成績評価の準備を行う

1.1　成績評価の方針を伝える

　シラバスを作成するにあたっては、成績評価方針を明確に示す必要があります。成績評価方針は、単に最終成績を算出するための計算式を提示するにとどまりません。成績評価方針は、教員がどのような課題を重視しているか、学生にどのような学習を期待しているか、何が当該科目において重要なことなのかを伝えるものです。

　たとえば、次のような課題を成績評価に反映させる場面を考えてみましょう。

・授業期間中に3回の小テスト（概念理解を問う多肢選択問題10問）
・期末試験（概念理解を問う多肢選択問題5問と3問の記述問題）
・任意参加の学外実習（フィールド実習でのデータ収集とその分析・考察）
・授業中の質問や発言など授業への参加

　複数の課題を設定する場合、それぞれの課題の成果を重み付けして、成績評価へ反映するのが一般的です。もし、期末試験だけで成績の90%を決めるとした場合、学生の多くは他の課題に十分取り組まず、期末試験の準備のみに熱心に取り組むでしょう。あるいは、任意参加の学外実習の重みが50%ある場合、任意参加とはいえ、ほとんどの学生が参加するでしょう。

　成績評価方針には、学生の行動に大きく影響を与える力があります。学生の学習を最大限促進できる成績評価方針を設計するようにしましょう。

1.2 大学の方針に合わせる

　成績評価は、所属機関の規則やガイドラインに合わせることも重要です。成績評価の情報は、奨学金の受給対象者の決定、成績優秀表彰者の決定、個別面談が必要な学生の特定など、個別授業の枠を超えて活用することがあります。そのため、教員間で評価の方針が整合していないと情報の信頼性が失われたり、学生の不利益になったりすることがあります。

　成績評価の設計において特に確認すべき学内規則には、次のようなものがあります。

・成績の評定段階に関する規則（合否評価、4段階評価、5段階評価など）
・成績分布に関する規則（各評定の割合が決められているか）
・追試験に関する規則

　たとえば、成績分布に関する規則がある場合、学生間で差がつきにくい試験問題や課題は避けなければなりません。また、追試験がある場合、同じ難易度で異なる試験問題や課題を二つ用意する必要があります。

　また、一般的な方針として確認すべき点には、次のようなものがあります。

・単位認定や期末試験受験に必要な最低限の出席回数に関する規則
・公認欠席（公欠）の取り扱いに関する規則

1.3 絶対評価と相対評価

　大学として成績分布に関する規則がない場合、教員個人が絶対評価と相対評価のどちらを取り入れるかを選ぶことができます。一般に、大学では相対評価を取り入れると、いくつかのデメリットが生じる場合があります（Walvoord & Anderson 2010）。たとえば、次のようなものがあります。

・学生間で協力して学ぶことを妨げる可能性がある
・一部のトップ層の学生には競争による動機づけが働くが、多くの学生にとってよい成績をとろうという動機づけが働かなくなる
・教員が求める学習成果に達していない学生に優れた成績をつける場合がある

一方で、相対評価は学生が自分の強み・弱みや適性を知る手がかりになるというメリットがあります（辰野 2010）。たとえば、講義、演習、実習で構成されるカリキュラムであれば、実習よりも講義の成績がよい学生は、具体的な実践よりも抽象的な概念の操作の方が得意であると自己分析ができます。ただし、これが機能するには、必修科目が多いカリキュラムであるなど、同じメンバーが受講している授業が多いという前提が必要です。

2 成績評価のモデル

2.1 重み付けレターグレード

一般に、優・良・可やA・B・Cのような段階別評定をレターグレードと呼びます。標準的なモデルの一つは、課題ごとに重み付けをしたレターグレードを合わせて最終成績を決めるものです（Walvoord & Anderson 2010）。たとえば、次のような課題の組み合わせで評価する場面を考えてみましょう。

・毎回の授業で行う小テスト（全体の40%）
・実験実習レポート（全体の30%）
・期末プレゼンテーション（全体の20%）
・討論への参加（全体の10%）

それぞれの課題についての評価が、小テスト：B、実験学習レポート：A、期末プレゼンテーション：C、討論への参加：Bであるとき、最終成績はBになります。

このモデルは、それぞれの課題で測りたい能力が質的に異なっているときに使いやすい方法です。そのため、それぞれの課題について固有の評価基準を用意しておく必要があります。また、重み付けを示すことで、学生にどの課題に力を入れてもらいたいかのメッセージを送ることができます。討論への参加でA評価を得ても、全体の成績では10%しか考慮されません。上の例では、毎回の小テストに向けた学習を促すことができます。

2.2 累積得点モデル

二つめのモデルは、重み付けレターグレードを修正したもので、各課題

の素点を累積して最終成績を決めるものです。たとえば、次のような課題
の組み合わせで評価する場面を考えてみましょう。

・毎回の授業で行う小テスト（全体の40%）
・中間試験（全体の20%）
・期末試験（全体の30%）
・討論への参加（全体の10%）

　各課題の素点がそれぞれ、小テスト31点／40点満点、中間試験15点／
20点満点、期末試験22点／30点満点、討論への参加8点／10点満点で
あるとき、素点の合計は76点になります。この場合、最終成績は76点とす
るか、これに対応するレターグレード（Bなど）になります。
　このモデルは、多くの小問で構成された試験を中心に評価方法を設計し
ているなど、各課題で素点の積み上げが容易であるときに使いやすい方法
です。各課題の得点をフィードバックしておけば、学生は自分の成績を正
確に予測でき、学習の動機づけを高めることができます。フィールドワー
ク、レポート、プレゼンテーションなど質的に異なる課題で構成すること
もできますが、それぞれの課題について素点の出し方を明示しておく必要
があります。

2.3　合否累積モデル

　三つめのモデルは、指定された課題への取り組み状況に基づいて最終成
績を決めるものです。たとえば、ゼミや卒論指導などで、毎回の授業に進捗
状況をまとめた資料の提出を求める場面を考えてみます。学生の中には、
毎回十分な資料をまとめられずに遅れがちになる学生もいるでしょう。こ
の場合、課題の完成度に基づいて成績を決めることができます（Walvoord &
Anderson 2010）。

・9割以上取り組んだ（13/15回以上）：　　　A
・8割以上取り組んだ（12/15回以上）：　　　B
・7割以上取り組んだ（10/15回以上）：　　　C
・6割以上取り組んだ（9/15回以上）：　　　D
・6割に満たなかった（8/15回以下）：　　　F

このモデルは、ミニットペーパー、事前の指定文献要約、時間外のオンラインディスカッションへの参加など、達成水準を多段階で評価せず、提出・未提出や参加・不参加のような合否だけを判定する課題を用いるときに使う方法です。さらに、複数の課題の成績を重み付けして最終成績を出すこともできます。

2.4　ペナルティとボーナス課題を設定する

学生によっては、さまざまな理由で指定された課題に取り組めない場合があります。たとえば、レポートの提出締切日に間に合わずに断念したり、試験やプレゼンテーションを欠席したりするケースです。これらを未提出や欠席として評価対象から外すことは簡単です。しかし、ペナルティを付けて課題を提出してもらったり、課題に再チャレンジしてもらうことで、学生の学習を促進することができます。

たとえば、提出期限後にレポートを提出する場合、1日遅れるごとに2点ずつ素点が減点されるペナルティを設定してもよいでしょう。また、中間試験を事情により欠席した場合は、満点が中間試験の8割になる再試験を個別に設定する方法もあります。

また、追加的なボーナス課題によって、未着手の課題を埋め合わせる方法を示すこともできます。たとえば、レポート課題が未提出の学生や試験を欠席した学生に対して、指定した文献の書評を作成するボーナス課題を設定し、提出された場合に成績評価に加点します。この際、ボーナス課題は授業の到達目標に関連したものにします。

3　成績評価を効率的に行う

3.1　最も重要な点のみを評価する

成績評価は、時間がかかることがあります。教員によっては、学期末の数日間を採点や評価のみに費やしている場合もあります。そこで、できるだけ成績評価を効率的に行う方法の検討が必要です。

レポートや論文など学生が書いたものを評価する際、授業で扱った内容以外にも、語句の用法、稚拙な表現、不適切な段落やアウトラインなど、教員として多くの気になる点があるでしょう。また、プレゼンテーションを評価する際も、スライド資料の作り方、話し方、発表中のしぐさや行動な

ど、課題内容以外の点が気になることがあります。それらをすべて評価し、学生へフィードバックするには多くの時間を要します。その場合、授業の到達目標に関連しない内容は評価しないという方法があります。

　学生は、一度に多くのフィードバックを得ると十分に処理できないという研究結果があります (Walvoord & Anderson 2010)。特に、学習内容に関するフィードバックに加えて、技法や作法に関するフィードバックを得ると、認知的な負荷が低い、技法や作法の問題に注意が向けられてしまい、教員が最も改善してもらいたい学習内容についての振り返りが十分にできなくなります。そこで、思い切って学習内容に関連しない部分は、評価しないという選択もあります。

3.2　評価の段階を必要最小限とする

　所属機関が採用する成績評価が6段階評価であるとき、授業内の課題も同様の段階で評価する方が効率的に見えるかもしれません。しかし、レポートやプレゼンテーションでは、6段階の評価は細かすぎる場合が多いでしょう。評価の段階を必要最小限にすると、成績評価が効率的になります。

　たとえば、レポートやプレゼンテーションの場合、「優れている」「水準を満たしている」「水準に満たない」の3段階であれば、評価に迷うことが少なくなります。複数の観点を設定したルーブリックでも3段階で作成するようにします。また、評価の観点が多い場合は、「満たしている」「不十分である」の2段階にすることもできます。

3.3　自己評価を使う

　学生の学習成果はすべて教員が評価するという方針を変えてみましょう。たとえば、レポートの提出時に、事前に配付したチェックリスト付きの表紙を使うよう指示すると、学生はそれを使ってレポートを一度推敲してから提出することができます。また、筆記試験の場合は試験終了後に解答を配付し、自己採点をしてもらうこともできます。学生には自己評価や自己採点の結果だけで成績が決まるのではなく、最終的に教員が評価することを伝達しておきます。この方法は自己評価だけでなく、学生同士の相互評価として行うこともできます。

　この方法は、学生に厳密な評価をしてもらうことが目的ではなく、教員の評価にかかる時間の短縮が目的です。学生が判断に迷う箇所があった場

合、該当箇所に印を付けるように指示しておけば、教員は該当の箇所を重点的に評価することができます。

3.4 ICTを活用する

ICTの活用も評価を効率的に行ううえで効果的です。レポート等の文章を書く課題では、電子ファイルをメールやLMSを通して提出してもらいます。教員は、ワープロソフトのコメントツールや校正ツールを用いて、コメントを返すことができます。操作に慣れた教員であれば、評価に要する時間を短縮することができます。

中間試験や期末試験もLMS上で行うことができます。LMSにはオンラインテストの環境があります。解答可能な時間帯や場所を限定するなど、試験実施の条件も詳細に設定できます。多肢選択問題や穴埋め問題が中心であれば、自動採点が可能です。試験の準備には時間を要しますが、長期的には時間や労力の削減につながります。ティーチング・アシスタントなど授業支援者がいる場合は、試験問題を教員が用意し、オンラインテストの準備を支援者に任せることもできます。大学によってはオンラインテストの作成支援サービスを提供している場合もあります。

4 倫理的行動の大切さを伝える

4.1 学術倫理の重要性を伝える

学生の倫理的行動は、学習評価の信頼性を裏付ける前提条件となります。米国の大学の調査では、学生の3人に1人は、筆記試験やレポート課題で不正行為の経験があるといわれています（Davis 2009）。そして、その多くは悪意によるものよりも、良い成績をとらなければならないというプレッシャーを感じていた、授業に熱心に取り組んだのに学期末の筆記試験のみで評価された、正しい引用の方法を知らなかった、という理由によるものだとされています。これらの多くは、教員からの適切な働きかけがあれば対応できるものです。

授業の中では、学術倫理の大切さを伝えましょう。評価に関連するトラブルへの対応として最も効果があるのは、予防策を講じることです。トラブルを生じさせないように、十分な準備を行いましょう。

たとえば、引用の方法、測定の方法、データの扱い方、図表の作り方など、

試験や課題に取り組むうえで必要な事項について、初回の授業で、行ってよいことと行ってはいけないことを具体例とともに示しましょう。また、「授業中に聞いた他の学生の優れた考え方をレポートに含めてよいか」「他人のレポートの執筆を直接手伝ってもよいのか」などのQ&A形式で説明する方法も効果的です（Davis 2009）。

　また、大学の倫理憲章や不正行為の防止ガイドラインも初回の授業で紹介します。このとき、単に文書を配って示すのではなく、クイズ形式で示して学生に考えてもらいます。「レポートで剽窃がわかった場合には、どのような手続きが行われるか」「大学では剽窃を検知するためにどのようなシステムを使っているか」を紹介したり、簡単なクイズを用意して「次のうち不正行為に当たるものはどれでしょう」と問うと、学生は関心をもって耳を傾け、記憶に残すことができます。

4.2　教室に公正な雰囲気をつくる

　初回の授業での説明に加えて、授業期間中は教室に公正な雰囲気をつくることに努めましょう。具体的な方法には、学生全員を公正に扱っていることを伝えることと、課題等に取り組む前に十分な準備の機会を設けるという二つがあります（Davis 2009）。

　第1の方法については、学習資源への公平なアクセスを確保しましょう。図書館に十分な量の資料があることを伝える、教科書を購入させる場合は安価なものにする、ハンドアウトは紙で配るとともにオンライン上にも掲載するなどの方法があります。また、授業中に出したクイズや小テストは、回答を資料にして配付したりオンライン上で閲覧できるようにします。また、過去の授業で課した期末試験やレポート課題をシラバスに掲載しておくこともできます。

　第2の方法については、試験や課題の前にあらためて学術倫理について説明するとともに、評価の基準を確認し、試験や課題の直前には練習問題に取り組んだり事前の添削を行う時間を設けます。これらを通して、学生に不正行為をしなくとも成功できるという自信をもってもらうことがねらいです。

4.3　不正な行為を確認する

　多くの大学教員は自分の専門分野に関する文章を読めば、それが剽窃されたものか否かがわかるのではないでしょうか。たとえば、定義されてい

ない専門用語が突然使われる、論の展開が不自然である、文章が過去に読んだ文献と似ているなどが剽窃のサインです。

　剽窃の確認は、比較的容易です。検索サイトで学生の文章をフレーズ検索することで、インターネット上から得られた文章であるかを確認することができます。また、剽窃チェックシステムが導入されている大学もあります。レポート等を電子ファイルで受け取っていれば、チェックシステムにかけることで過去の文献との類似度が判定されます。

　不正行為を確認した場合は、できるだけ早く所属機関のルールに沿った行動をとります。不正行為を確認する手順も、所属機関で定められています。独自の判断で認定せずに、マニュアルを参照したり担当者へ相談しましょう。

第3部

学習評価を実践する

5章

評価で学習を促進する

1 理解度を把握する

1.1 形成的評価を取り入れる

　試験が学期末にしかない場合、学生にとって自分の学習が目標に向かって順調に進んでいるかを確認する機会が、授業終了時の1回しかないことを意味します。その時点で自分が目標に到達していなかったことを知った学生には、遅れを取り戻す手段がありません。担当科目の内容がその後に学ぶ科目の前提となっている場合は、この1回だけの評価結果が学生に与える影響は大きくなります。そのため、学生が授業中に目標の到達度を複数回確認できるようにすることが重要です。

　授業の過程で学生の学習がねらいどおりに進んでいるかを判断し、そうでない場合に追加的な指導をするための評価を形成的評価といいます（11ページ参照）。形成的評価は学習改善のための評価であり、成績評価に反映させる評価とは限りません。学生がつまずいたり失敗しやすい場面で、それらに気づくためのテストや課題を課し、なぜうまくいかなかったかを振り返るために行います。そのために教員に求められることは、学生の学習状況を知る手段をもつこと、学習状況を評価する基準をもつこと、学生に具体的な改善指示を出すことの三つです。

1.2 優れた理解度把握の特徴

　理解度の把握は、学生がより深く学ぶために行うものです。その過程では、教員が学生の理解度を把握することになりますが、それが最終目的ではありません。教員は次の点に留意することで、形成的評価を学生が深く学ぶ機会にすることができます（Nilson 2010）。

・厳密に行いすぎない：理解度把握のための試験や課題は、成績評価に反映しないのであれば、1分程度の短時間で行ったり、無記名にしたり、結果を教員が回収しなくてもかまいません。
・授業の文脈に合わせる：他の授業で行った方法が、担当授業で常に有効とは限りません。学生をよく観察したり、学生に「どこが難しい?」「何に困っている?」などの質問をして、学生の状況に合わせた理解度把握を行います。
・継続的に行う：学習とフィードバックの往復を何度も行うことで、学生の学習成果と教員の学生理解が高まります。

1.3 理解度把握の段階

授業の中で理解度の把握を取り入れる場合は、三つの段階で始めるとよいでしょう（Nilson 2010）。

1段階めは、小さく始める段階です。1分でコメントを書いてもらう、1行で授業の要約をしてもらうなど、時間がかからず、学生への指示も単純に行える方法で始めます。また、複数の授業を担当している場合は、できるだけ授業がうまくいっていると思うクラスで始めてみます。

2段階めでは、コンセプトマップやケーススタディなど、時間のかかる技法や詳しい指示を伴う方法を取り入れます。初めのうちは長めに時間を取るようにします。また、記名式にしたり課題を回収したりして、個別学生の理解度の把握を試みます。

3段階めに、学生との情報共有を取り入れます。具体的には、理解度の把握で得られた情報を学生に提供し、追加的な指導を行ったり練習問題を提供したりします。追加的な指導によって授業計画を変更する必要がある場合は、得られた情報を用いて計画変更の合理性を丁寧に説明します。

1.4 形成的評価を成績に含めるべきか

形成的評価は学習改善のための評価であるものの、成績評価に含めたいと考える教員は多いでしょう。たとえば、毎回の授業で理解度確認のための試験を行っている場合、その成果を成績評価の一部を構成するものとして扱う場合です。多くの教員は、学習改善のための試験や課題に真剣に取り組んでもらうには、成績への反映が必要であると考えているようです。

一方、成績評価に反映すると、学生は形成的評価で失敗することを恐れるようになったり、試験対策として学習に取り組むようになったりします。

すなわち、内発的な学習意欲を下げてしまう可能性があります。形成的評価を成績に反映せずに学生の動機づけを高めるには、次の点に留意します。

- ・試験や課題に取り組む前に、それらが最終課題や最終試験とどのような関係にあるかを説明する。
- ・試験や課題を実施する前に、これは練習のための試験であることを明確に伝える。
- ・フィードバックの際に、採点結果から最終成績がどのくらいになりそうかを伝える。

1.5 前提となる理解度を把握する

　授業はカリキュラムの一部を構成するものであり、担当科目には前提としている知識や技能があります。授業開始時点で、学生が必要な前提知識などを有しているかを確認する評価が診断的評価です。

　たとえば、基礎的な内容を学ぶ「統計学1」と、応用的な内容を学ぶ「統計学2」が設定されており、後者の科目を担当する場面を考えてみます。統計学2では従属変数がカテゴリー変数であったり、説明変数間に相関がある回帰モデルを扱います。学生は統計学1で基礎的な単回帰や重回帰を学んでいるはずです。そこで、初回の授業で統計学1に関連した試験や課題に取り組んでもらい、不足する知識がある学生には追加的な課題に取り組むよう指示します。

　診断的評価では、学生の学習方法の好みや興味関心について尋ねることもできます。教員はその結果に基づいて授業の進め方を調整します。具体的には、グループ学習の経験が少ない学生が多いことがわかった場合は、事前に十分な時間を用意し効果的なグループ学習の方法について指導します。

診断的評価の例

【知識・技能】

- ・前学期や前学年で学習した内容、担当授業で前提にする知識や技能に関する簡単な筆記試験を行う
- ・授業開始時に提出してもらう事前レポート課題を出す

【興味・関心・意欲】

- ・授業で学びたいこと・興味のあることを尋ねるアンケートを行う

・授業中に扱う内容に関連したクイズを行う

【学習スタイル】

・学生の好きな学習スタイル（講義で学ぶ、議論で学ぶ、文献で学ぶ、映像で学ぶ、体験で学ぶなど）を尋ねるアンケートを行う

2 理解度把握のための技法

2.1 短時間で行える技法

　形成的評価を初めて授業に取り入れる場合、短時間で行える技法から始めるとよいでしょう。以下の方法は、教員の準備にかかる時間が少なく、学生の準備に必要な時間も少なく、実際に取り組む時間も少ないため、どのような授業でもすぐに取り入れることができます。

1 | 箇条書き

　授業の終了時に、授業中に学習した概念、定理、重要な人物名などを示し、それに関する事項をできるだけ多く箇条書きで列挙するように指示します。「3分で列挙してください」「少なくとも5個列挙してください」などの条件を付けることで、教員が期待する理解度に達しているかを確認することもできます。

　この方法は、授業の終了時だけでなく、授業の開始時に前回の授業の復習として行ったり、初回の授業で前提科目の知識を確認する際の診断的評価としても活用できます。

2 | 疑問点の書き出し

　授業の終了時に、授業内容の疑問点やわかりにくいと思った点を書き出してもらう方法です。講義内容、指定文献の内容、映像教材の内容、実演やデモンストレーションの内容など、さまざまな授業形式に対応できる技法です。授業の冒頭でこうした指示を予告しておくと、学生は注意深く授業に取り組むようになります。教員は出された疑問を整理し、次の回の授業で疑問を解消する指導を行います。

　この方法は、多人数の授業など授業中に学生が手をあげて質問しにくい環境でも、学生の理解度を把握できる技法です。また、授業の最後に疑問点を書き出す作業は、学生が授業全体を振り返るよい機会にもなります。

2.2　授業の理解を確認する

　学習内容の理解の過程では、習得した知識を実際に活用する経験（外化）が不可欠です。以下の方法は、教員の準備にかかる時間が比較的少ないものの、学生に習得した知識の活用を求める技法です。実際に取り組むには一定の時間が必要であり、学生の成果を確認して教員がフィードバックを与えることにもある程度の時間がかかりますが、どのような授業でもすぐに取り入れることができます。

1｜授業要約

　授業の終了時に、「今日の欠席者に授業内容を説明する文章を作成してください」と指示をして、授業内容の要約を作成してもらいます。その際に、「100字での要約と、400字での要約の二つを作成してください」という条件を加えると、授業内容の重要な点を学生がどのように理解しているかを際立たせることができます。

　慣れていない学生には、使用するキーワードを明示したり、100字の要約を教員が示してから400字の要約を作成してもらうなど、思考の手がかりを与えることも効果的です。また、初めのうちは作成のための時間を15分程度確保し、要約に慣れてきたら10分程度まで短くします。

2｜クイズショー

　授業中に数回の小テストを行います。たとえば、10分から15分の講義ごとに1回の多肢選択問題を出します。授業の冒頭で、授業中に出題する予定の問題を一覧にして示すと、学生に注意深く講義を聞くことを促すことができます。問題を出した後で、学生間でお互いの回答について議論してもらうことも有効です。

　この方法はクリッカーと組み合わせて使うと効果的です。クリッカーは、テレビリモコンのような小型の通信機器で、質問への回答を即時に集めることができるため、多人数でも学生参加型の授業を行えます。その場で学生の理解度がわかるため、すぐに追加的な説明を行うことで、即時にフィードバックすることが可能です。

　クリッカーのような機器がない場合は、事前に数字やアルファベットを大きめの文字で印刷した紙を配っておき、回答の選択肢を示してもらうことで、簡易クリッカーとして使うことができます（図4）。学生間で回答が分かれる際に、近隣の学生同士でお互いの回答の根拠について議論してもら

5章　評価で学習を促進する

図4　簡易クリッカーとして配付する用紙の例

い、再度問いに答える機会を設けると、深い理解を促進することができます。

簡易クリッカーの作り方と使い方
・A4用紙を4領域に分け、4色に色分けし、数字やアルファベットを記入してカラー印刷します。
・学生に配付後、四つ折りにするよう指示し、4色のうち1色が示せるように準備します。
・授業中に四つの選択肢から選ぶクイズを示し、正解の番号を教員に向けて示してもらいます。
・学生が間違えやすい問題など、学生の解答が異なる場合は互いの解答を見せ合いながら、なぜその番号を選んだかを学生同士で説明させます。

2.3　深い理解を確認する技法

　深い理解は、単に知識や概念を記憶するだけではなく、それらが互いに結びついて活用できる状態を指します。以下の方法は、学生が授業中に得た知識や概念を、どの程度関連づけて活用できるかを確認する技法です。実施には少なくとも10分以上の時間が必要で、学生の成果を確認するにも時間がかかります。単元の終わりなど、ひとまとまりの学習の後で取り組むとよいでしょう。

1｜小テスト作成

　授業の内容に基づいて、学生に試験問題と模範回答を作成してもらいます。正誤問題、計算問題、多肢選択問題、記述問題など、問題の種類を変えることで、より深い理解を促すことができます。作成した試験問題を隣の学

051

生と交換し、その場で取り組んで採点してもらいます。また、作成した問題が定期試験問題として採用された場合は成績評価に加点する方針を示すことで、質の高い問題作りに取り組むことを促すことができます。この技法は、どのような分野の科目でも取り入れやすい方法です。

2｜コンセプトマップ作成

　重要な概念とそれに関するキーワードの関係を、図にまとめる技法です。キーワードを白紙に列挙させた後、キーワード間の関係を線で結ばせます。学生はキーワードを接続する過程で深く考える必要があります。接続する線の数が多い場合、適切な構造が作れている場合は、学生が深く理解していると判断できます。

　図5は、学生が作成したコンセプトマップの例です。この図では、学期中に学生が学んだことを自ら体系化し、全体像を俯瞰することで基礎的な線形代数の授業で扱われる内容が十分に理解できていることが示されています。

　慣れていない学生には、少ないキーワードで作成する経験を重ねさせて

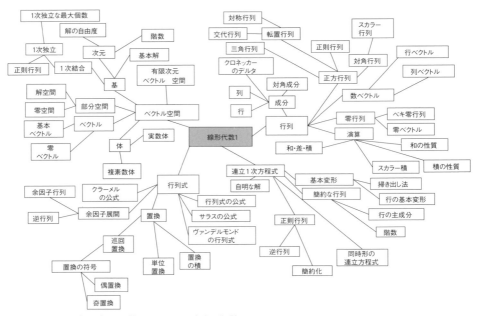

図5　コンセプトマップの例（出所　榊原 2017、p.120を参考に作成）

から、複雑な概念でのマップ作りに進ませます。また、完全な白紙に作成することの負荷が高いようであれば、中心的な概念とそれに関係するキーワードを、手がかりとしてあらかじめ印字した用紙を配付してもよいでしょう。

　学生にコンセプトマップを作成させるには、教員は中心的な発問とそれを考えるためのキーワードを事前に20個ほど用意し、それらを関連づける説明を授業中に行う必要があります。作成したマップを他の学生と比較したり、数人のグループで作成したりすることで、さらに理解を深めることができます。これは教員と学生の双方にとって負荷の高い技法ですが、高次の認知的能力の到達を支援し、その程度を把握することのできる優れた技法です。

3　学生参加型の授業で理解度を確認する

3.1　挙手で確認する

　教員の多くは、授業中に学生に挙手をさせた経験があるでしょう。「この考えが正しいと思う人はいますか」という問いかけを行い、学生の意見や考えを把握する際に、挙手は最も簡単な方法です。特に、未知の問題に取り組む前に結果を予想させたり、賛否両論あるテーマを議論する際に立場を表明させる授業では、挙手がよく使われます。

　特別な教具や教材の準備が不要な方法ですが、より効果的に使うには、対立する意見に関する事前と事後の挙手数を比較するなど、挙手を通じて学生間の意見の変化がわかるように設計する必要があります（Angelo & Cross 1993）。また、挙手に対して学生が積極的でないと判断すれば、投票用紙を用いて賛否を表明する、クリッカーを用いるなど、道具を使う方法で意見を表明させます。

3.2　グループワークを振り返る

　グループ単位で議論や作業を行う学習を取り入れる場合、その経験を振り返る機会を設け、学生の学習にどのような効果があったかを把握するようにしましょう。その際には、グループ学習を行うたびに短時間のアンケートを取り入れるのが効果的です。アンケートでは、次の点について振り返ります（Angelo & Cross 1993）。

- 今回のグループワークは、どの程度効果的でしたか?
- 自分以外のメンバーで積極的に参加していた人は何人いましたか?
- 自分以外のメンバーで事前学習を十分にしていた人は何人いましたか?
- グループで学習したからこそ学べたと思うことを記述してください
- あなたがいたからこそ他のメンバーが学べたと思うことを記述してください
- グループでよりよく学ぶためにどのような改善をしたらよいでしょうか。ごく簡単でよいので記述してください

　これら以外の質問を含めることもできますが、短時間で行えるように全体で6問以内にするようにします。この方法は、教員が準備や集計の時間を要するものの、学生の負担は少なく、学期中を通して何度も行うことができます。

3.3　学習記録を作成する

　グループ活動やフィールドワークなど活動を取り入れた学習では、学生に学習の記録を作成してもらうことで、理解度の確認を促すことができます。学習記録の作成は、学生が自分の学習を振り返る力や自己評価の力を高めることにつながります。グループ学習に不慣れな間は、効果的な振り返りができるよう教員が学習記録の様式を作成し、様式に沿って記録を取るよう指導します。一方で、十分な振り返りを伴う記録の作成には時間を要します。そのため、授業時間中の作成が難しいようであれば、無理せずに授業時間外の課題とする方がよいでしょう。

　学習記録に記述する点には、次のようなものがあります (Angelo & Cross 1993)。

- 今回の活動を通してあなたが最も学んだことを記述してください。できれば、具体例をあげてください
- 今回の活動を通してよくわからなかったこと、わからなくなったことがあれば記述してください。できれば、具体例をあげてください
- よくわからなかったことやわからなくなったことについて、どのような追加的な学習が必要だと思いますか。具体的に記述してください

4　フィードバックを与える

4.1　フィードバックの重要性を理解する

　学生の理解度を確認するとともに、学生の自己評価力を高めるために重要なのが、教員から学生へのフィードバックです。授業では、学習の結果を学生に伝え、なぜうまくいかなかったかを振り返ったり、もう一度課題に取り組んだりする機会を設けることが重要です。そうした改善を促すための情報を、フィードバックと呼びます。

　フィードバックは、学生の活動がもたらした結果をデータとして取り込み（フィードし）、次のより適切な行動のために活用する（学生へバックする）ことを意味します（田中 2010）。たとえば、筆記試験の前に模擬試験を行い、間違えやすい問題を特定することがデータにあたります。このとき、教員は学生が間違えた原因を分析し、間違えた原因に対応した指導を返すことが重要です。単純な計算ミスなのか、公式の導出ができなかったのか、公式は理解していたがどれを活用するかわからなかったのかなど、学生に聞いたり観察したりしてよく理解していなければ、適切なフィードバックはできません。

4.2　効果的なフィードバックを行う

　フィードバックは、「よく頑張った」「もっと頑張れ」などの声かけやアドバイスとは異なります。学生が自分の理解度を把握し、自ら学習活動を調整し、自力で目標へ到達することを促すためには、学生の学習を注意深く観察したり、具体的な成果に基づいてフィードバックを行うなどの工夫が必要です。一般的に、効果的なフィードバックは、次のような特徴を備えています（西岡ほか 2015）。

- ・評価基準や模範解答との比較が行われる
- ・頻繁で継続的に行われる
- ・評価基準に沿った評価であることを学生が理解できる
- ・現実の生活や職業で求められる水準との比較が行われる
- ・学生の自己評価を促すものである

　効果的なフィードバックを行うためには、学生に学習記録を保存させておくと便利です。学習のプロセスを可視化できると、事後のフィードバッ

クや学生同士のフィードバックを容易にします。たとえば、テキストの指定箇所や指定文献を読む事前学習課題では、要旨や疑問点をまとめるためのワークシートを配付し、授業当日までに作成させます。

授業中にディスカッションなどの活動を行う場合、教員の指示する議論の手順や論点に沿ったワークシートを作成し、ディスカッションの進行とともに記録するよう求める方法があります。また、議論に慣れていない学生が多い場合は、先に説明したいことや反論したいことをワークシートに記述する時間を設け、書いたことに基づいて議論させるとよいでしょう。

4.3　文書でフィードバックを行う

学生が提出したワークシート、資料、レポートなどには、それらに教員がコメントを書き加えてフィードバックすることができます。また、提出物は紙媒体でなくともかまいません。電子ファイルやLMS上のコンテンツであっても、教員がコメントを書き加えることができます。文書によるフィードバックは、提出から返却までの時間差があることから、即時にフィードバックできないというデメリットがあります。また、双方向でのやりとりが難しく、コメントを書き込むには時間がかかる点もデメリットです。

一方で、文書でのフィードバックは、記録性や保存性が強みです。また、学生にフィードバック内容を解釈する時間的な余裕を与えられる点も強みです。文書でフィードバックを行う機会は、大きな課題を提出した後や、長期間の実習や実技を終えた後など、授業計画の節目にするとよいでしょう。多数の学生がいる授業では、個別のフィードバックは困難かもしれません。その場合は、代表的な例をいくつか示し、それに対するフィードバックをクラス全体に行ってもよいでしょう。

4.4　口頭でフィードバックを行う

口頭でのフィードバックは、個人への即時フィードバックが可能であり、双方向で行える点に特徴があります。そのため、チェックリストやルーブリックでは説明しきれない、小さな改善の指導が可能です。教員は、フィードバックを行う前に、細かな指導を明確に言語化できるよう、チェックリストやルーブリックをよく読んでおきます。また、双方向で行える点を活かし、フィードバックを質問形式で行うことも効果的です。

口頭でのフィードバックを行う際には、いくつかの注意点があります。

第1に、具体的な提案を行うことです。過去の学習を批判するのではなく、今後の学習を改善する方法に絞って発言します。第2に、聴覚以外の刺激を活用することです。ジェスチャーなどの動作を入れたり、紙や黒板を用いて説明するなど、視覚情報も交えましょう。これによって、口頭だけでは理解しにくいことをわかりやすく伝えることができます。

ICTと授業通信を活用したフィードバック

事例 授業終了前にミニッツペーパーなどを課す教員は多いと思いますが、すべてに目を通してフィードバックするのは大変です。何より学生番号順に並べ替えるだけで一苦労です。回収したシートも溜まる一方です。また、授業時間内に書く時間をとるため、授業時間を圧縮せざるを得ないこと、限られた時間で十分な振り返りができないまま記入することになるなど、必ずしも効果的であるとはいえない場合もあります。

しかし、ICTを活用することで、授業時間外に理解度や振り返りのコメントを収集することができます。REAS（リアルタイム評価支援システム）と呼ばれるシステムは無料で利用でき、調査票の作成から公開（期間設定）、集計閲覧（集計表）まで自由にカスタマイズできるウェブ上のシステムです。

作成した調査票にアクセスするためのアドレスを配付資料に掲載しておきます。学生は授業終了後、一定期間内にアクセスし、氏名、学籍番号、授業に対する理解度や興味関心、参加態度、授業での気づきや質問などの自由記述項目に対して回答します。回答期間終了後、CSVファイルでデータをダウンロードします。学籍番号順にソートして受講者リストと重ねることで、誰が回答し、誰が回答していないかを判別できます。この方法は、効率的なデータ収集と授業時間を有効に使う優れた方法です。

フィードバックでは、A4判の紙に学生のコメントの中から特に優れたものを三つ、ある程度優れたものを五つ程度選び、教員のコメントを付けます。さらに学生からの質問への回答を記入し、配付します。特に優れたコメントに選ばれた場合は、成績の加点対象にしています。毎回の授業冒頭で、この配付資料を用いて、授業の振り返りと簡単な確認テストを行います。

6章

筆記試験を作成する

1　筆記試験で測れることを理解する

1.1　試験の役割を理解する

　筆記試験といえば、期末試験をイメージする教員も多いでしょう。本章における筆記試験とは、授業の最後に実施する期末試験を指しますが、中間試験や授業中に定期的に行う簡単な理解度確認のための筆記試験も含みます。本章では、多肢選択問題や短い論述問題のような、図2（17ページ）における「選択回答式問題」と「自由記述式問題」に相当する試験を指す言葉として筆記試験を用います。

1.2　筆記試験で測れること

　教育の目標は、認知領域、情意領域、精神運動領域の大きく三つに分類されています（梶田 2010）。筆記試験で測定できるのは、主に認知領域の能力です。認知領域はさらに六つに下位区分されています。その分類ごとの筆記試験問題例を整理したものが表7です（デイビス 2002）。

2　筆記試験問題の種類

2.1　短答式の問題

　短答式の問題は、問題に対して正解となる短い単語や数値、または文を解答させるものです。

058

6章　筆記試験を作成する

表7　認知的領域の分類と筆記試験問題例

知識 （一般的な用語、事実、原理、手順）	・線形空間Vに対し、空でない部分集合WがVの部分空間であることの定義を述べよ ・エクセル関数の中で歪度を計算するための関数を答えよ ・現在の選挙権年齢は満何歳以上であるか答えよ
理解 （事実や原理の理解、素材の解釈）	・位置ベクトルrと加速度ベクトルaの間に成り立つ関係式を求めよ ・臨床で用いる歯科用セメントはどのような特徴を重要視して使用すべきであるか理由とともに説明せよ ・日露戦争の勝利によって日本が得たものと失ったものを、それぞれ一つずつ答えよ
適応 （問題を解く、概念や原理を新しい状況に適応する）	・自作のオイラーグラフとハミルトングラフをそれぞれ一つずつ書きなさい ・アファーマティブ・アクションの具体例を一つあげよ
分析 （述べられていない前提条件や論理的な欠陥を認識する、事実と推測を判別する能力）	・座薬は一般に経口薬より効果が大きい。この理由を説明せよ ・明治時代の文学と大正時代の文学の違いを説明せよ
統合 （異なる分野で学習したことを統合する、あるいは創造的な思考によって問題を解決する）	・地域医療における課題を一つあげ、その課題を解決するための政策として考えられる地方自治体の取り組みを一つ述べよ
評価 （判断および評価）	・アンペールの法則rot $H=i$ の両辺のdivをとり、アンペールの法則と電荷の保存則はどのように矛盾しているかを説明せよ

・労働や資本といった生産要素の増加で説明できない生産の増加を計測したものを何というか答えよ

・30人の学生を5人ずつのグループに分けるとき、全部で何通りの分け方があるか答えよ

・優・良・可やA・B・Cのような段階別評定を何というか答えよ

　この問題は、学生の解答が正しいか間違っているかを、簡単に判断することができるため、採点が容易にできます。また、問題文を読んだり解答に要する時間が短く、短時間で実施することができます。

2.2　穴埋め式の問題

　穴埋め式の問題は、ある事柄について説明されている文章の中に空欄を設定しておき、空欄にあてはまる語句や式などを答えさせるものです。

059

> 次の文章の（　　　）にあてはまる言葉を答えよ。
>
> クーロンは距離 r と離れた二つの点電荷 Q、q にはそれぞれ（① 　　　　）
> という大きさの力が働くことを実験から導いた。クーロン力は、万有引力と
> 同様に距離の2乗に反比例していて、何も触れずに空間を通して直接作用
> する力であることから当初、（② 　　　　）力であると考えられていた。
> しかし、ファラデーは電気や磁気による力を②力でなく、（③ 　　　　）
> 力であると考えた。

　この問題も短答式の問題と同様に、採点や実施が比較的容易です。ただ
し、作成の際には、空欄の箇所や量を適切に設定する必要があります。空欄
が多すぎると正解を導くための情報が少なく、解答ができなくなってしま
う可能性もあります。また、知識を有していなくても、前後の文脈から正解
が判断できるような問題にならないように注意することも大切です。

2.3　多肢選択式の問題

　多肢選択式の問題は、問題に対して正解となる短い単語、または文を、複
数の選択肢の中から一つ以上選択して解答するものです。

> 　42人の男女について、睡眠時間が長いほど、自転車をこぐエクササイズを
> した際に消費されるカロリーが多くなるかを調査した。睡眠時間とカロ
> リー消費量の相関係数は0.28で、両側確率は0.8、アルファは0.1であった。
>
> この事例で睡眠時間を何と呼ぶか?
> a. 従属変数　　　b. 独立変数　　　c. 予測変数　　　d. y

（Nilson 2010、p. 287を参考に作成）

　この問題では、選択肢に番号、あるいは記号を付けることで、学生の解答
を容易に判断することができ、採点も容易に行うことができます。しかし、
正解とよく似ているが正解ではない選択肢を複数用意しておくことが重
要で、選択肢が適切でなければ、学習内容や問題の意味を理解していなく
ても正解を見つけることができます。

2.4　論述式の問題

　論述式の問題は、問題に対して文章で解答させるものです。

> ・細胞膜薬物受容体を三つに分類して、それぞれを簡単に説明し、代表的な受容体を示しなさい。
> ・運動方程式を解くと、その解（物体の位置）は $r = (A\cos\omega t, A\sin\omega t, 0)$ になることを説明せよ。
> ・第二次世界大戦において、ドイツ陸軍が日本陸軍に与えた影響について説明しなさい。

　論述式の問題は、総合的な能力を評価することができます。なぜなら、複数の知識や知識間の関連づけや統合を行うこと、さらに論理的に説明する能力が要求されるからです。このため、正解はただ一つとは限りません。学生が正しく理解できているか否かを判断するためには、学生の解答をすべて読み、その内容を理解する必要があります。また、学生の解答の出来は、十分に理解できているものから、一部理解できているもの、知識は有しているが結論を導くための論理が不十分であるもの、全く理解できていないものなど、さまざまです。

　そのため、論述式の問題は、採点に時間や労力を要します。採点基準を明確にしておかなければ信頼性や客観性が担保できなくなります。また、解答するために時間がかかるため、多くの問題を出題することができません。学生が解答するのに十分な時間を確保しておくことも必要です。

3　試験問題を作成する

3.1　問題を組み合わせて作成する

　学期末に実施する、総括的評価を行うための筆記試験では、到達目標と対応した複数の問題を作成することが求められます。一方、学生の日々の学習を促進させるため、あるいは教員がクラス全体の理解度を評価するための診断的評価や形成的評価であるならば、採点やフィードバックの負荷も考慮し、問題の種類や量を厳選します。

　筆記試験の内容は学生の学習に対して大きな影響力をもっています。総括的評価のための試験のみを実施するのではなく、定期的に形成的評価のための試験を実施することで、日常的に授業の復習を行う習慣を身につけさせることができます。また、短答式の問題ばかりを出題していると、教

員が提示した事実を記憶するという浅い学習アプローチを定着させることになります。浅い学習アプローチとは、知識を経験と関連づけたり批判的に検討したりせず、個別の用語や事実のみに注目して記憶する学習を指します（Biggs & Tang 2011）。試験の実施頻度や方法を工夫することで、学生の日常的な学習を間接的にコントロールすることができます。

3.2　多肢選択式の問題を作成する

　多肢選択式の問題は、選択肢の中から正解を選択するため、学習内容を理解できていなくても正解することがあり、学生の理解を正しく測定するという点から見れば、十分ではないといえます。実際に、他の出題形式と比べて正解率が高いことも報告されています（熊沢 2010、池田 2015）。しかし、正解が明確であるため信頼性が高く、採点が容易であること、単位時間あたりに実施できる問題数が多いことなどから、実施面での有用性は高いとされています。そこで、偶然に正解を選択することが難しい問題、つまり学生の理解を正確に測定することができる多肢選択式の問題を作成するための工夫を紹介します。

3.3　複数選択式の問題を活用する

　多肢選択式の問題をさらに細かく分類すると、正解が一つの択一式の問題と、正解が複数ある複数選択式に分けることができます。このうち、複数選択式の問題は、選択肢一つひとつの正誤の判断を行う必要があり、他の選択肢が正解を導くためのヒントにはならないことから、択一式の問題に比べて難易度が高いことが明らかにされています（池田 2015）。

逆流性食道炎に関する記述ついて間違っているものをすべて選びなさい。

〈選択肢〉

A. 粘膜障害の程度と症状は相関する。

B. 中耳炎の原因となり耳鼻科を受診することがある。

C. うつ病との鑑別は容易である。

D. むし歯との関連性が認められる。

E. 症状が出現しても日常生活に影響を及ぼすことは稀である。

F. 高齢男性に好発する。

6章　筆記試験を作成する

3.4　複数の群の選択肢を組み合わせる

　複数の群の選択肢の中から適切なものを組み合わせて選択させる問題です。このタイプの問題では、複数の異なる領域についての理解が必要であり、各群の選択肢の中から同時に正解を選択する必要があるため、択一式の問題より難易度が高くなります。

問1．　次の①〜⑧のうち、江戸時代の出来事や制度を述べた文として適切なものをすべて選択しなさい。

〈選択肢〉
①株仲間を解散させた。
②朝廷が権力の回復をねらって幕府を倒そうと兵を挙げた。
③琉球藩を置いた。
④全国の諸大名を取り締まるための法を定めた。
⑤座を廃止し自由な商売を許した。
⑥豊臣氏を滅亡させた。

問2．　問1で選択したそれぞれの出来事や制度について、関係のある人物をA群からすべて選択し、その名称をB群から一つ選択しなさい。

〈A群〉

A．徳川家康　　　F．田沼意次
B．徳川家光　　　G．水野忠邦
C．徳川吉宗　　　H．新井白石
D．石田三成　　　I．松平定信
E．豊臣秀頼　　　J．吉田松陰

〈B群〉
ア．武家諸法度　　キ．享保の改革
イ．寛政の改革　　ク．承久の乱
ウ．島原の乱　　　ケ．公事方御定書
エ．琉球処分　　　コ．慶安の御触書
オ．天保の改革　　サ．大坂夏の陣
カ．関ヶ原の戦い

063

3.5　優れた筆記試験問題の作り方

　優れた筆記試験問題とは、測定したい能力を測定することができ、信頼性・妥当性・客観性・効率性があり、学生の学習を促進することができる問題のことです。そのうえでさらに、望ましい筆記試験問題を作成するには、次の点に注意します。

1│複数の種類の問題で構成する

　問題の種類によってはメリットとデメリットがあるため、複数のタイプの問題を組み合わせることで、それぞれのデメリットを補うことができ、より妥当性が高くなります。複数の種類の問題によって明らかになった結果の方が、より妥当性が高いといえます。

2│問題文は簡潔で理解しやすい言葉を使う

　問題文は簡潔で理解しやすい言葉を使用します。不必要に難しい言葉を使用したり、問題文が複雑な文章になっていると、学生は問題そのものよりも、問題文の読解に多くの時間を費やすことになります。筆記試験はあくまでも理解度や思考力を測定するものであり、それに集中できるように問題文を作成する必要があります。問題文を作成した後で同僚教員やティーチング・アシスタント (TA) などに見てもらうとよいでしょう。

3│学生の興味に合わせた素材を選ぶ

　身近な事例や最近話題になったニュース、国家試験のような資格試験の問題など、学生の関心が高い素材を問題作成に活用しましょう。学生が筆記試験を解くことに意義を感じたり、問題に興味をもつことができれば、試験結果を返却した後の学習につながります。

4│難易度の低い問題から高い問題まで作成する

　筆記試験問題のレベルは、難易度の低いものから高いものまで用意しておくとよいでしょう。その理由は、理解が十分ではない学生でも解ける問題を設定しておくことで、その後の学習に向けて動機づけることができます。もし、全く解けないという感情を学生がもつと、その分野の学習に対する意欲を下げる恐れがあります。一方、よく理解できている学生には、さらに発展した内容の問題を示すことで、よりレベルの高い理解に到達したいという学習意欲を喚起することにつながります。また、これ以上の学習を

する必要がないという印象をもつことも防げます。難易度の高い問題は、必須問題ではなく、希望者のみが回答する選択問題にしてもよいでしょう。なお、相対評価を取り入れている場合は、難易度の低い問題から高い問題までを作成することが前提条件になります。学生の成績が集団内で十分に散らばるように作成します。

5 │ 学生の理解度や学習に取り組む日頃の態度も考慮して作問する

　筆記試験の良し悪しは、受講学生の理解度や学習に対する姿勢に応じて異なってきます。したがって、単に学習目標や学習内容だけをふまえて作成していては、望ましい筆記試験問題はできません。学期を通して学生の理解度や様子を観察し、受講している学生のレベルに合わせて、問題を作成すると望ましい筆記試験問題が出来上がります。たとえば、意欲の高い学生が多いと感じるときは、発展的な内容を取り入れたり、自信がない学生が多いように感じるときは、達成感を感じられるように易しい問題も用意します。つまり、総括的評価というよりも形成的評価として、試験問題をその後の学習への動機づけに利用します。

6 │ 筆記試験が終わった後に振り返りを行い修正する

　望ましい問題の作成には終わりはありません。採点が終われば、実施した筆記試験に問題はなかったかどうかを振り返り、修正点はメモを残して次学期の試験問題の作成に備えます。採点直後は、問題点がよく見えています。できるだけ早く問題を修正するようにしましょう。筆記試験を振り返る際は、授業期間中の学生の学習に対する取り組みを思い浮かべながら、信頼性・妥当性・客観性・効率性を備えたものであったか、学生の学習意欲を喚起できたかどうかを確認しましょう。表8のチェックリストに沿って確認することで、試験問題全体を振り返り、修正点を確認することができます。望ましい筆記試験問題は、何度も修正しながら徐々に出来上がるものです。

4　パフォーマンス課題を作成する

4.1　シナリオ問題を取り入れる

　パフォーマンス課題は、さまざまな知識やスキルを統合して使いこなす

表8　筆記試験作成のためのチェックリスト

□ 事前に学生に予告したとおりの形式になっているか
□ 学生が授業で獲得した知識や技能によって解答することが可能な問題になっているか
□ 問題の分量は適切か（自分で解いてみて制限時間の7割程度で終了できたか）
□ 問題文の指示は曖昧でないか、誤解を招かないか、それぞれの問題の配点が明記されているか
□ 回答欄のスペースは適切か（十分なスペースがあるか、あるいは、短い答えを想定している問題に多くのスペースが割り当て、学生がそこを埋めなければならないと誤解しないか）
□ やさしい問題から難しい問題へと配置されているか
□ 問題自体が取り組む気持ちにさせる興味深いものになっているか

計算問題の場合
□ 答えのきちんと出る数値が与えられているか
□ 要求される計算量は適切か
□ ある問題に正解しなければ他の問題に答えられない形式の問題が、多く含まれていないか

出所　池田ほか(2001)、p.133を参考に作成

ことが求められる課題を指します。パフォーマンス課題には、記述式問題やレポートなどの筆記型と実習やプレゼンテーションのような実演型があります。

　シナリオ問題を使うことで、筆記試験でもパフォーマンス課題を用意することができます。シナリオ問題とは、現実的な状況が記述された文章の中で解決すべき問いが示される問題です。たとえば、次のような問題です。

フーバーダムは、アメリカ合衆国コロラド川のブラック峡谷にある、高さ221mのアーチ重力式コンクリートダムである。このダムは、灌漑用水の供給、洪水調節、およびダム基部の水力発電所への水の供給を目的として建設された。
（添付する図）
図1. フーバーダム
図2. 1921年頃に提案されたダム建設候補地
図3. 提案された貯水池のスケッチ
図4. ダムと発電所の建設計画
図5. ダムと発電所の建設計画

6章　筆記試験を作成する

（問題）

① この場所がダム式水力発電に適している理由を説明しなさい。少なくとも二つの側面について述べなさい。

② フーバーダムの構造上の強度と安定性を高めている、設計上の主な特徴を二つあげて説明しなさい。

③ フーバーダムのタービンで発電される最大電力は $2.08 \times 10^9 W$ である。この発電所が90%効率で稼働している場合、この出力でタービンを流れるおおよその水量はいくらか。最も近いものを選びなさい。
A) 10^3 l/sec　B) 10^4 l/sec　C) 10^6 l/sec　D) 10^7 l/sec
（ただし、1W=1J/sec、1J=1Nm）

④ 現在、この場所とは異なる別の場所で、新しいダムの建設が計画されていると想定します。技術者が環境影響評価書の中で検討すべき、ダムが環境に及ぼす影響（上流でも下流でもよい）を二つあげて、簡単に説明しなさい。

図6　シナリオ問題の例（出所　Tremblay et al. 2012、pp. 252-264を参考に作成）

　この問題は、知識を現実的な課題の中で応用することを求めています。学生は筆記試験の中で、授業中に得た知識を統合して使いこなす必要があります。

4.2　シナリオ問題の作成

　シナリオ問題はあまり公開されておらず、取り入れるには教員が作成しなければなりません。テレビ番組、一般雑誌の記事、論文などから素材を見つけている教員もいます。一般に、シナリオ問題を作るには次のような手順で取り組みます（ダッチほか 2016）。

1│教えるべき重要項目、概念、原理をリストアップする

　担当科目の到達目標を確認するとともに、従来課していた期末試験や課題を振り返り、どのような知識の獲得を測っていたかを確認します。たとえば、物理学入門の授業で運動量の保存を教える場合、よくある期末試験問題は、必要な情報はほぼ与えられたうえで、ビリヤード球などの単純な衝突の問題を解くものです。この問題からリストアップされる学習目標は、①弾性衝突・非弾性衝突を含む運動量の保存にについて理解している、②弾性衝突・非弾性衝突の際の力、運動、エネルギーの役割について説明で

067

きるの二つです。

2 | 学習目標が実社会で活用される場面を探す

学生が興味をもって解決したくなる実際の事例を探します。主に、雑誌や新聞記事からシナリオ問題の手がかりが得られます。運動量保存の法則の場合、2台の乗用車の交通事故などの事例を使うことができます。

3 | シナリオを構成する

教員が意図した学習課題を、学生が自ら発見して取り組めるようにするには、シナリオ問題を複数の段階に分けて構成します。交通事故の事例で運動量保存の法則を活用する場合、最終的な課題は、事故に関係する2台の乗用車のどちらに過失があるかを推論することです。そこで、第1段階でどのようなデータが必要かを問う問題、第2段階で事故の検証にどのような物理学の原理が役立つかを問う問題を設けます。

4.3　優れたシナリオ問題の特徴

シナリオ問題を学生にとって取り組む価値があるものとするには、いくつかの点に配慮する必要があります。一般に、優れたシナリオ問題は、次のような特徴を備えています（ダッチほか 2016）。

① 学生の興味を喚起するものである
② 学生自身に事実、情報、論理に基づく意思決定や判断を求めるものである
③ 職業倫理に基づく判断を求めるなど、適度な複雑さを備えている

上の特徴を備えたシナリオ問題は、どのような仮定や条件が必要か、どのような知識が問題の解決に適切か、どのような手順が問題解決のうえで必要かの判断を求める問題になっています。そのため、多くの場合、複数の段階で構成され、順に取り組む中でそれらの判断がしやすくなるように配列されています。

物理学入門のシナリオ問題

物理学入門の授業で運動量の保存を教えるために、デラウェア大学で開発されたシナリオ問題があります。

〈パート1〉

　1989年9月の最後の金曜日、13時20分、地方警察署に大慌ての電話がかかってきた。州道とメインストリートの交差点で怪我人が出る自動車事故が発生したとの知らせであった。ジョン・ヘンリー警部は電話を受けてから10分で現場に着き、交差点で2台の車が衝突しているのを見つけた。1台の車には意識不明の運転手が、もう1台の車には、負傷した運転手ともう一人の乗員がいた。救急車が病院に怪我人を運んだ後、ヘンリー警部はこの事故でどちら（もしくは両方）の運転手に責任があるかを調べる責任があった。この事故での負傷の激しさから見て、死者が出てもおかしくない状況であり、ヘンリー警部の調査は非常に重要である。

・ヘンリー警部はこの捜査においてどのような疑問に答える必要があるか
・ヘンリー警部はどんなことを測定しなければならないか
・どのような情報を収集するべきか
・捜査資料として、他にどのような情報を記録するべきだろうか
・ヘンリー警部は、データを分析して疑問に答えるためにはどのような物理学の原理を用いる必要があるか
・仮に2台の車が互いに直角に衝突したとしたら、車は衝突後どの方向へ移動すると思うか
・衝突後の移動方向と移動距離は、どのような要素で決まるか

〈パート2〉

　事故の状況は以下のとおりである。メインストリートは大きな公道で、制限速度は時速45マイル（約72km）で、州道も同じく時速45マイル（約72km）の制限速度だが、こちらはどちらにも「止まれ」の交通標識がある。車2は、総重量5800ポンド（約2630kg）で、Dec#20と印づけられている電信柱の横で止まる前に、24フィート（約7.315m）スリップしている。車1は、総重量2060ポンド（約934kg）で、衝突後のスリップ痕はなく、角にあ

る民家わきの路肩に止まっている。車の衝突部分を見ると、車が直角に衝突し、車2の右フロントのバンパーと、車1の左フロントのバンパーが当たったことが明らかである。衝突後、2台の車は同方向に流れていった。ヘンリー警部は、天候は晴れ、気温は18.5℃で路面は乾燥していたことを記録した。

　ジョン・ヘンリー警部が、さらに分析を進める前に、この事故で意識不明であった運転手が病院で死亡したとの報告を受けた。

・これまでの事実に基づくと、どちらの車の運転手が死亡したと推測できるか。その根拠とともに説明しなさい
・ヘンリー警部が、天気や道路状態を記録したのはなぜか
・車2より車1の方が遠くへ移動したのはなぜか

　ヘンリー警部は、車1の運転手がスピードを出しすぎていたのか、車2が「止まれ」の標識を無視したのかの判断を迫られていた。ヘンリー警部が、この重要な問いに答えるための手順を示しなさい。法廷で証拠に基づいて証言する必要があるので、この推論は理にかなっている必要がある。

・ヘンリー警部は速度を推定する上で必要な情報をすべてもっているか

　ヘンリー警部が路面摩擦係数測定機を用いて、タイヤと路面の摩擦係数を計測した結果、0.60と測定された。ただし、車1については移動範囲が車道と芝生上にまたがり、タイヤと路面の摩擦係数の測定が不可能であった。

・ヘンリー警部にとってこの情報は必要か
・この情報を得るには、彼はどのような手順を踏めばよいか

（ダッチほか 2016、pp. 53-54より引用）

7章

筆記試験で学習を促す

1 筆記試験の準備を促す

1.1 筆記試験での持ち込み資料を工夫する

　筆記試験は、やり方次第で学生の学習を促進することができます。一つの方法は、試験当日に資料の持ち込みを許可することです。しかし、資料を持ち込ませる場合は、試験問題の内容と持ち込ませる資料を適切に設定しておく必要があります。たとえば、知識を問う試験に、教科書や配付資料の持ち込みを許可すれば、学生は試験中にそれを書き写すだけになるでしょう。本章では学生の学習を促進するという観点から工夫すべき点をいくつか紹介します。

1│授業で作成した手書きのノートを持ち込ませる

　初回の授業で期末試験には授業で作成したノートの持ち込みを許可することを伝えておくことで、学生に授業中はしっかりとノートをとるように促すことができます。そして、試験では知識を統合したり、体系化させたり、評価したりする問題を出題します。たとえば、授業で作成したノートを持ち込ませたうえで次のような問題を出題することができます。

・授業で学習した内容の中から、重要だと思うキーワードを10個から15個の範囲で抜き出し、それらの関係性を体系的に整理し図示しなさい。
・授業で学習したまちづくりのポイントを三つ活用して、○○市（大学の所在地）を活性化するための政策を考えなさい。

071

2 | 持ち込み資料を作成させる

　筆記試験に持ち込むことができる資料を作成させることで事前学習を促進します。学習させたい内容のヒントやキーワードを提示しておき、自ら収集した情報や、資料をまとめたものを持ち込ませることを許可します。たとえば、自作のA4用紙1枚のみを持ち込み可とすることで、学生はその用紙を作成するために学習を行います。さらに、その用紙も提出させて評価の対象にすることで、授業全体の体系的理解や判断力などの高次の認知的能力の測定につなげることもできます。

3 | 持ち込み資料を厳選させる

　筆記試験に持ち込むことができる資料の数を限定し、学生に重要なものが何であるかを考えさせる機会とします。たとえば、関連文献を3冊まで持ち込むことを可能とすることで、考えながら資料を収集させることができます。

期末試験の持ち込み資料を作成させる

事例　学習における現代メディアの位置づけや特徴について教える、徳島大学の金西計英氏は、期末試験での持ち込み資料を作成させることで、授業全体の振り返りと理解を促進しています。

　期末試験では、授業を通して学習したメディアの特徴とその効果や課題をまとめる論述型の試験を実施しています。この試験では、知識の記憶を問うのではなく、メディアに関する理解や学生自身の考えを問うことを意図としています。そのため、授業内容に関する総合的な理解や知識の分析・統合が必要となります。

　持ち込み資料は、手書きのA4用紙1枚という条件で自由に作成させているため、学生は資料を作成するために学習内容を厳選しながら整理することが求められます。さらに、持ち込んだ資料も提出させており、学生が授業内容をどのように理解し、整理しているのかを把握することができます。

　学生は期末試験の持ち込み資料ということで、授業の資料やLMSに掲載しているビデオ教材を再度見返すなど、真剣に資料作成を行っています。期末試験の持ち込み資料を効果的に学生の学習につなげています。

1.2 学生同士で確認させる

　筆記試験を行う1週間前の授業、または授業の中間期に、学生同士がお互いの理解度を評価する、ピア評価を行うことで、学生が自分自身の理解度を確認し、学習につなげることができます。他者を評価したり、他者に説明することを通して、自分ではわかったつもりになっていても理解が不十分な点や間違って理解していた点を見つけることができます。試験前に効果的なピア評価を行うことで、学生は自身の学習すべき点を把握することができます。ピア評価を行う際に、次の点を工夫するとよいでしょう。

1 | チェックリストを活用する

　必ず理解しなければいけない学習内容を、チェックリストにまとめておきます。学生はペアまたはグループで、チェックリストの項目ごとに内容を説明し、他の学生がチェックを行うことで相互評価を行います。この際、ルーブリックを作成しておけばより詳細に理解度を確認することができます。

2 | ピア評価のために資料を作成させる

　ピア評価を行うための時間を確保できる場合は、学生にピア評価のための資料を作成させておくことができます。クラス全体やグループなどの単位で、プレゼンテーションをさせたり、レポートを作成させて、それを学生同士で評価します。ピア評価のための準備を通して、学生はこれまでに学習した内容を振り返ることができ、それが試験勉強や今後の学習につながります。

1.3 学生が問題を作成する

　試験問題を作成するには、学習した内容を理解しておくことや、重要な点を理解しておくこと、知識間の関連や構造を理解しておくことが必要になります。そのため、学生に問題を作成させることで、学習内容全体の深い理解を促すことができます。学生に問題を作成させるうえで気をつけることは以下のとおりです。

1 | 意図を説明する

　多くの学生は、与えられた問題を解くことについては、疑問を感じることなく取り組むことができます。しかし、問題を作成したことがある学生

は少ないでしょう。また、中には教員が手抜きをしていると勘違いする学生がいるかもしれません。そこで、何のために学生が問題を作成するのかを説明しておくことで、教員が期待する結果を得られるようにします。

2 | 指示を明確に行う

作成させる問題や条件などを具体的に指示しましょう。「授業に関連する内容の試験問題を作成してみましょう」という指示だけでは、学生は適切な問題を作成することができず、学習を促進させることもできません。重要な言葉や定理など、学生に理解してほしい内容を含めて指示を行います。具体的な指示の例として次のようなものがあります。

・気体の状態方程式 $PV=nRT$ を用いて圧力を求める問題を作成しなさい。
・ロピタルの定理を活用して極限値を求める問題を作成しなさい。
・1960年から1970年の間にアメリカ合衆国で起こった出来事のうち、その出来事と関係のある人物を1人あげて、その人物の行動または判断を評価させる問題を作成しなさい。

---

3 | 評価基準も示しておく

学生が作成した問題の良し悪しを判断するための評価基準を明確にしておきます。たとえば、指示した条件をチェックリストにまとめておくことや、誰がどの程度の時間で解くことができるレベルの問題であるかなどを、あらかじめ決めておきます。

1.4 学生が作成した問題を活用する

学生が作成した試験問題を活用することで、さらに学生の学習を促進することができます。活用例として次のようなものがあげられます。

1 | 学生に解かせる

各学生が作成した問題を学生間で交換して解答するよう指示します。このことをあらかじめ伝えておくことで、作問に真剣に取り組ませることができます。

2 | 解説書を作らせる

問題の作成だけでなく、丁寧な解説書を作らせることで、さらに学習内

容の理解を促進できます。問題を作成させるだけでは、既存の類似問題を変更するだけで簡単に作成できてしまう場合があります。解説書を作成してもらうことで、学習内容の全体の理解を求めることができます。

3 | 優れた問題は実際の試験に利用する

　優れた問題は実際に期末試験問題として活用することもできます。そして、このことを学生に伝えておくことで、望ましい問題の作成を動機づけることができます。このときに、優れている問題がどのような問題であるかを説明する必要があります。たとえば、授業で取り扱った重要な用語や理論を用いている、それらの用語や理論の関係性を問うているなど、授業内容に関する本質的な理解を問うことの重要性を学生に認識させることで、学生の深い学習アプローチにつなげることができます。

2　筆記試験で主体的な学習を促す

2.1　主体的な学習を促す筆記試験の工夫

　筆記試験は学習成果の測定だけに使われるものではありません。学生に主体的な学習を促す有力な方法でもあります。試験前に以下のような情報提供を行うことで、学生の学習を促すことができます。

1 | 試験問題について予告を行う

　筆記試験の範囲や問題の概要を示すことに加えて、どのような形式の問題を出題するのか、どのような評価の仕方をするのか、どのような評価基準であるかを伝えておきます。ただし、すべての情報を周知するのではなく、学生の学習を促すという観点から有効な情報を厳選して示します。

2 | 学習すべき内容を伝える

　試験を受けるにあたって、身につけておくべき能力や事前に学習してほしい内容を伝えます。教科書の問題やこれまでに実施した試験問題などを用いて、理解しておくべき内容を具体的に示しておくとよいでしょう。

3 | 練習問題や過去の問題を活用する

　練習問題や過去の問題を配付することで、問題のレベルや範囲が明らか

になり、学生はどのような学習をする必要があるのかを知ることができます。ただし、知識を問う問題や簡単な問題ばかりを提示すると、学生が暗記するだけの浅い学習アプローチを促すことになります。

2.2　筆記試験結果のフィードバックを行う

　筆記試験の結果を学生に返却するとき、多くの教員は学生に次のようなことを期待しているのではないでしょうか。解答できなかった問題や間違えた問題を見直し、学習をやり直し、理解ができていなかったところを調べ、教員に質問し、正しく理解するための学習をする。しかし、残念ながら自らそのような行動をとる学生は少ないようです。こうした行動を促すことができるのがフィードバックです。

　フィードバックの主な目的は、学生が試験の結果を今後の学習に活かすことです。フィードバックのタイミングは、学生が次の学習を始める前が理想的です。そのためにも、学生に試験についての記憶があるうちに採点結果を返却しましょう。毎週授業が開講されているのであれば、試験を実施した翌週の授業で返却するように心がけましょう。できるだけ早くフィードバックを行うことが、学生の学習を促進するうえでは大切です。なぜこのような評価をしているのか、何が足りなかったのか、今後どのような学習をする必要があるのかなどを、学生に伝えます。

2.3　学習につながるフィードバックを工夫する

　フィードバックを効果的に活用することで、学生の学習を促進することができます。学生の学習につながるフィードバックの工夫は次のとおりです。

1│採点結果の理由を伝える

　学生が採点結果の理由を理解できるようにフィードバックを行います。筆記試験の点数のみを伝えるのではなく、筆記試験の答案用紙はできる限り返却します。正解か不正解かのみを示すのではなく、模範解答を配付したり、解説を行ったり、論述式の問題では、どうしてこのような評価になっているのかがわかるように採点基準を示すとよいでしょう。また、教員がどの程度の結果を期待していたのかを伝えます。可能であれば設問ごとに伝えるとよいでしょう。

2 今後の学習について説明する

試験問題ごとに解説を行い、理解できていない点や改善点を指摘した後には、今後どのような学習をすべきかを説明し、関連する教科書の箇所や参考書を示しておきましょう。

3 再度提出させる

間違えた問題や理解が不十分な点は、やり直しをさせ、再提出させることで、学生がより理解を深めることができます。また、自身の理解度を再確認させることで、今後の学習への動機づけにつながることもあります。

4 クラスの成績データを公表する

クラスの平均点や得点の分布、最高得点などを示すことで、学生は自分の位置を把握することができます。また、昨年度との比較や教員が望んでいた結果との比較などを行ったり、設問ごとの重要度なども示しておくとよいでしょう。学生が自分自身の相対的な位置を知ることは、学習への動機づけにつながることがあります。

5 試験後の学習を促す

試験問題で問われた内容が、どのような場面で必要とされるのかを示すようにします。その試験が形成的評価であれば、次の試験はいつ行うのかを示しておくと、学習の計画が立てられます。また、学期末の総括的評価であれば、関連する授業の情報や将来どの場面で活用できるかを示すことで、学生の今後の学習への動機づけにつなげることができます。

2.4 個別にフィードバックする

フィードバックは学生個人に対して行うことが理想です。必要となる学習は学生によって異なるため、できる限り個別学生に合わせてフィードバックを行います。個別にフィードバックを受けることで、学生は自分自身のことだと受け止め、今後の学習につなげることができます。時間がないときは、模範解答や解説書を配付したり、答案用紙の返却の際に短いコメントやアドバイスを書くだけでも効果的です。

フィードバックされた試験の結果を、深く分析することを促すには、簡単な振り返りシートを用いるとよいでしょう。なぜその点数になったのか、次回はどうしたら改善できるのかを、その場で考えるように促します。

```
1. 今回の試験の準備にどのくらいの時間をかけましたか？ _____.

2. 次の活動にかけた時間は、試験準備のための時間全体の何パーセントで
   したか？
   a. 教科書の該当部分を初めて読んだ        _____.
   b. 教科書の該当部分を読み直した          _____.
   c. 宿題の解答を見直した                  _____.
   d. 練習問題を解いた                      _____.
   e. 自分のノートを見直した                _____.
   f. 授業用ウェブサイトの資料を見直した    _____.
   g. その他（                                        ）

3. 採点された答案に目を通し、次のことによる失点の割合を（合計が100に
   なるように）見積もってください。
   a. ベクトルとベクトル表記法の問題        _____.
   b. 代数あるいは計算手続きの間違い        _____.
   c. 概念の理解不足                        _____.
   d. 問題への取り組み方法がわからない      _____.
   e. ケアレスミス                          _____.
   f. その他（                                        ）
```

図7　試験結果用振り返りシートの例（出所　アンブローズほか 2014、pp. 238-239を参考に作成）

図7は、振り返りシートの例を示したものです。記入されたシートを教員が回収し、学生の強みと弱みの分析や学生への指導・助言に役立てたり、次回の試験前に学生に返却し、学生が最適な学習活動を行えるように促したりすることも可能です。

3　筆記試験での不正行為を防止する

3.1　授業全体を通して意識づけを行う

　学生に不正行為をさせないためには、授業全体を通して、意識づけを行うことが大切です。次の点を意識して授業運営を行うとよいでしょう。

1 | 学生との信頼関係を築く

　信頼ある者同士の間では不正は起こりにくいといわれています。授業を通じて学生との信頼関係を構築しておくことで不正行為を防ぐことができます。事前に練習問題に取り組む機会を多く設ける、試験範囲や出題形式を明確にする、個別に受けた試験に関する質問はクラス全体へ回答するなど、学生が試験で成功することを期待している姿勢を示すようにしましょう。

2 | 不正行為に対しては厳しい態度で臨む

　不正行為は絶対に行ってはならないことを日頃から厳しく教えておくことが大切です。学生は教員の態度をよく観察しています。不正行為は許さないという態度を学生に見せておくことが、学生の不正行為に対する抑止力になります。たとえば、課題や小テストを行うときも、不正行為を許さない態度を示しましょう。授業中のマナーやルールを徹底させることで、この教員は不正行為を許してくれないという認識を学生にもたせることができます。

3 | 授業中に学習支援を行う

　一般的に学習内容の理解が十分でない学生が不正行為を行います。授業の中で形成的評価の機会を設け、理解が不十分な学生をサポートしましょう。学生の理解を促進し、理解不足の学生を減らしていくことが不正行為の抑止にもつながるのです。

3.2　試験問題を工夫する

1 | 正解が一つに定まる問題では毎年問題を変える

　試験問題の出題傾向や過去問を先輩に教えてもらい、対策を考えている学生がいます。教員が過去問を配付したり、出題傾向を教えていなくても、学生は試験の情報を入手しています。短答式の問題、穴埋め式の問題、選択式の問題では、毎年同じ問題を出題していると、問題が事前に流出してしまいます。特定の学生が有利にならないためにも、毎回問題を変更します。

2 | 思考を必要とする問題を出題する

　学生個人の考えを問う問題や、思考することが要求される問題は、問題

そのものがわからない限り、事前に解答を準備されることがありません。また、試験中に他からその解答を入手することも困難になります。このような問題は、不正が起きにくい問題です。たとえば、次のような問題は、学生個人の考えや具体例を記述させているため、カンニングされにくいといえます。

・授業で取り扱ったドイツ文学の作品のうち、面白いと感じた作品を一つ選択し、その作品の説明と、その作品が面白いと感じた理由を書きなさい。
・炭素原子の数が三つのアルコールを一つ選択し、その化学構造式を記述しなさい。また、そのアルコールの活用例を一つあげなさい。

3.3 試験環境を整える

　学生が試験中に不正をしないよう、教員が対策をとっておくことが大切です。試験中の不正行為を未然に防ぐために、試験当日に行うことや環境整備として、次の点が考えられます。

1 | 試験を始める前にルールを説明しておく

　不正行為を行う学生の中には、自身の行為が不正行為にあたることを認識していない学生もいます。試験開始前に注意を促すことで、共通の認識やルールを理解させることができます。

2 | 試験会場を整える

　試験を実施するときは、学生の座席を番号順に指定したり、学生が隣接した席に座らないようにするなどの指示を与えます。知り合い同士が近くに座らないようにすることも不正防止に効果的です。

3 | 試験監督を行う位置を工夫する

　試験中は、試験会場全体を見渡すことができ、学生からも教員が確認できる位置に座りましょう。受講者が多い場合には複数の教員やTAで監督を行うことも効果的です。また、試験中には適宜机間巡視を行い、学生が不正行為を働きにくい環境をつくります。

4 筆記試験の不正行為に対応する

4.1 試験中の対応
　試験中のカンニングが疑わしいとき、あるいは起こってしまったときには、その場で適切に対応する必要があります。対応が十分でないと後々のトラブルにつながります。具体的な対応方法は各大学で定めるルールがあるため、それらに従います。多くの大学に共通する一般的な対応には次のようなものがあります。

1│注視し近づく
　学生が怪しい行動をとっている場合は、その学生を注視し、近くに行き様子を窺いましょう。これ以上怪しい行為を起こさせないように抑止します。しかし、過度に近づきすぎないように注意しましょう。

2│証拠を没収する
　学生がカンニングをしている現場を見つけたときに、証拠がなければ、学生を追及することができません。カンニングはその場で取り押さえ、カンニングペーパーや、あるいはスマートフォンなどの物的証拠を押さえましょう。

3│カンニングを見つけた場合はすぐに声をかける
　1人で試験監督を行っている場合は、学生の様子を観察して、後で学生がどのような行為を行っていたのかを説明できるようにしましょう。確実にカンニングであると判断できる場合は、その場で学生に声をかけます。複数で試験監督を行っている場合は、他の監督者とともにその行為を確認し、カンニングと判断できる場合は学生に声をかけましょう。

4│学生に今後の指示をする
　他の受講生に緊張感を与えないように、カンニングを行った学生に対して、具体的に不正の内容を説明し、学生にも確認を行います。事実確認ができたら、学生番号、学部、学科、氏名などを聞き取り、具体的な指示を与えます。

4.2　試験後の対応

　試験中に不正があったときには、試験後にも対応すべきことがあります。そのまま事態を放置しておけば、不正行為を見ていた学生から、対応を放置していると指摘されたり、大学全体の問題に発展することがあります。以下のような点に配慮して、不正を防ぐ対策を考える必要があります。

1｜不正行為があったことを学内に届け出る

　学内の授業に関する不正行為を取り扱う部署に届け出を行います。不正行為の状況を具体的に報告し、必要な事務手続きを行います。

2｜今後不正行為が起こらないように対策を考える

　不正行為が起きてしまった原因を考えます。可能であれば不正行為を行った学生本人から聞き取ることができればよいでしょう。聞き取りができない場合でも、学生の悪意だけに帰さずに、試験の実施方法や授業全体を通しての学生への対応を振り返り、教員自身が未然にとれる対策はなかったのかを考え、今後の授業改善につなげます。

3｜不正行為を行った学生を指導する

　不正行為を行った学生に対して、不正行為は絶対に許されないことであることを指導します。また、次学期以降どのような学習を行うべきか、今後の取り組み次第ではチャンスはあることも伝えます。不正行為を行った学生は、学内の規則によって他の授業の単位を失っている場合もあるため、立ち直ることができるように励ますことも大切です。

8章

レポート課題で評価する

1 レポート課題の特徴

1.1 レポートで測れることを理解する

　筆記試験は、授業で扱った知識の記憶量を評価する方法として有効です。一方、レポート課題は、授業で得た知識を活用して文章を書くことにより、より深く知識同士の関係を理解したり批判的な思考力を獲得したりすることができます。レポート課題も筆記試験の一種ですが、ここでは一定以上の長さの文章を、教室内外での執筆活動を通して完成させる課題について、前章までの筆記試験と区別してレポート課題と呼びます。すなわち、レポート課題は、筆記試験の中でもパフォーマンス課題に含まれる評価方法です。

　一般に、文章を書く課題を課す意義には、①記憶の保持を促すこと、②思考を深めること、③さまざまな読者の関心、背景、言葉に対する学生の感受性を高めること、④学習状況や理解度を把握すること、⑤振り返りの機会を提供することなどがあります (Nilson 2010)。このように一定のテーマとルールに基づき、知識や事実、適宜収集した情報をもとに自分の考えをまとまった文章で表現することは、大学教育において極めて重要な営みであるといえます。

1.2 レポート課題の種類

　日本の大学でレポート課題という場合、さまざまな文章作成課題を含む言葉として使われます。ここでは、レポート課題を五つに分けてそれぞれの特徴を説明します。この五つの類型は、上述の文章を書く課題を課す五つの意義に対応しています。

083

1 | 要約型レポート

要約型レポートは、あるテーマについて学習した内容や調査した内容を整理してまとめること、あるいは説明することを課した問題です。

> (例)
> ・我が国の大学生の学習時間に関する問題点を1000字程度でまとめなさい。
> ・エンジンの動作原理について、図を用いてA4用紙1枚にまとめなさい。

これらの問題は、事実を調査し、その内容を自分の言葉でまとめることが求められるため、学生の知識に関する理解度を把握することができます。学生の解答はよく似たものになるため、採点が比較的容易ですが、剽窃が起こりやすい問題といえます。インターネットの普及により一般的な知識は比較的簡単に得られるため、レポート課題においては、知識をまとめたり説明させたりするだけの問題は、学生の知識や理解を評価するうえで効果がないこともあります。

2 | 論述型レポート

あるテーマについて、学生自身の意見を記述させる問題です。さまざまな視点から議論ができ、一つの正解が存在しないテーマを取り扱います。

> (例)
> ・原子力発電所の再稼働の賛否について、賛成か反対かを明らかにしたうえで、そのように考える理由を論じなさい。
> ・「ソーシャルメディアは我々の生活を豊かにすることができるのか」について、具体的な事例を二つ以上あげてあなたの意見を述べなさい。

これらの問題では、関連する知識に加えて、学生自身が論理的に思考することが求められるため、高度な能力を評価することができます。学生ごとに考察の仕方が異なるため、他の学生のレポートを写しにくい問題です。ただし、こういう問題であっても、他の学生のレポートを写したり、剽窃が起きることも考えられます。一方で、採点には手間がかかるため、評価の観点・基準を明確にしておくことが重要です。

3 | 演習問題型レポート

与えられた問題を解き、その解答過程と結果を記述したり、あるいは定理の証明などを記述する問題です。試験として実施することも可能ですが、解答に時間がかかるため、レポート課題として課し、教科書や資料を参考にしながら解答させることがあります。

> (例)
> ・速度が$\sqrt{3} \times 10^6$ m/sの電子を1mの距離で停止させるために必要な一様電場を求めよ。電子は電場の方向と平行に入射するものとする。
> ・$\sqrt{2}$が無理数であることを証明しなさい。

これらの問題は、理系の基礎科目などで多く用いられます。正解が一つに定まっている場合が多く、その解法や記述の仕方までも決まっていることがあります。レポート作成の期間も短く、次の授業までの課題として課すことが多い問題です。そのため、比較的採点しやすい問題ですが、剽窃などの行為が起こりやすい問題といえます。そこで、手書きでの作成を求めたり、簡単な口頭試問を一緒に実施したりすることで、理解度を適切に評価できます。

4 | 実験レポート

理系の実験について、その過程や結果などを記述するレポートです。物理、化学、生物などの実験科目において課すことがあります。実験レポートは、自身が行った実験の課題設定、実験を通して明らかになったことや考察を、他者に理解してもらうために作成します。実験レポートの主な構成は、次のとおりです（169ページ参照）。

1. 課題設定（目的）
2. 実験計画（原理、装置、方法）
3. 実験結果
4. 結果の考察（理解できた点）
5. まとめ

5 | 振り返りレポート

体験学習、合宿研修、プロジェクト学習、フィールドワーク、グループ

ワークのような参加型の学習活動を実施した後に活動全体を振り返り、そこから学んだこと、新しい発見、自身の考え、今後のアクションプランを記述するレポートです。たとえば、学期全体を通して実施した実習科目であれば、次のようなレポート課題を課すことができます。

> ・研究室体験において、あなた自身が学んだこと、また所属学部における学習に関する目標のそれぞれについて、A4用紙2枚（約2000字程度）にまとめなさい。

また、合宿研修や1日で実施するワークショップであれば、もう少し詳細な項目を指定すると、学生の振り返りを促進させることができます。

> ・合宿研修全体を振り返り、次の①〜③について記述しなさい。
> ① 学んだ内容のキーワードを列挙しなさい（学習内容、誰かの発言、資料などから学んだと思うものをすべて列挙）。
> ② 学んだ内容のうち、最も重要だと思うことを一つ取り上げ、その理由とともに400字以内でまとめなさい。
> ③ 自身が最も努力した点を400字以内で記述しなさい。

1.3 論述型の問題における論題の種類

論述型レポートでは、知識の統合や評価を行うなどの高度な能力を測定することができます。それゆえ、評価したい能力を適切に評価することができるか否か、つまりレポート課題が適切であるかどうかは、「論題をどのように設定するか」にかかっているといえます。特に、唯一の正解が存在しないテーマについて論じることが多い、人文社会科学系のレポートの論題には、表9に示すように六つのタイプがあるといわれています（成瀬2014）。評価を行う際、あるいは学生の学習を促進させるためには、目的を明確にして、論題を使い分けることが重要です。

1.4 学生のレポート作成能力を把握する

多くの学生は高校までに論述的な文章を書いた経験が少なく、大学生になって初めてレポートを書くことになります。学生がレポートを理解し、

表9　レポートの論題のタイプ

タイプ	特徴	例
A　是非型／比較型	ある事柄の是非について問う。あるいは、複数の立場を比較して優劣をつけさせる。	国立大学の文系学部は不要であるという考えにあなたは賛成ですか、反対ですか。自分の考えを明らかにしたうえで、その理由を説明しなさい。
B　本質追求型	ある事柄の本質を問う。	「合区」制度の具体的な内容と、その背景と課題について説明しなさい。
C　発見／提案型	ある事柄の問題点や原因を見いだし説明させる。あるいは何らかの問題についての解決案を提案させる。	消費税の増税に関する問題点を1つ挙げ、その問題の解決策を考え、説明しなさい。
D　具体例提示型	ある理論や立場が当てはまる事例を挙げさせる。あるいは、授業で習ったことを自分の身近なことと結びつけて論じさせる。	日常生活の中で、民主主義的だと感じる事例を1つ挙げ、その理由を説明しなさい。
E　意味づけ型	授業で説明した議論の構造を取り出させたり、事柄間の関連を説明させたり、主張の意味を説明させる。	大学における「真理の追求」と「社会への貢献」はどのような関係にあると言えるか説明しなさい。
F　再構築型	ある特定の構造をもった文章を書かせる。	AO入試が導入された背景と現状の課題を述べ、それに対するあなたの意見を根拠となる資料とともに示しなさい。

出所　成瀬 (2014) を参考に作成

　レポート作成に必要な知識や技能を、レポート課題を通して自らの理解度や能力を表現できるようになるには、トレーニングが必要です。教員が学生の能力をレポート課題によって評価したいと考えても、学生が自らの理解を表現するための能力を有していない、つまりレポート作成能力がないと、適切な評価ができない事態が起こります。

　このような事態を回避するためにも、授業の最後にレポート課題を課そうと考えているのであれば、学生のレポート作成能力を事前に理解することや、能力に応じた対策を事前にとることが必要になります。たとえば、期末レポートに至るまでに、何回か短い文章を書かせる課題を出しておき、クラス全体のレポート作成能力を把握しておきます。また、レポート作成に関するワークブック教材などを活用して、授業の冒頭10分間、レポート作成の練習時間を設けることで、レポート課題による評価の精度を高めることができます。

2 レポート課題を作成する

2.1 課題に取り組む準備をさせる

　試験と同様、レポート課題も効果的に課すことができれば学生の学習を促進させる有効な手段になります。レポート課題は正しい知識を用いて解答を作成することが求められるため、必要な知識を理解していない学生は、まず知識を理解する学習から始める必要があります。したがって、以下の点を工夫することで、学生の学習を促すことを意図したレポートを課すことができます。

1 | レポートの目的を説明する

　これから課すレポートは何のために実施するのかを説明します。目的や教員の意図を学生に説明することで、学生は課題を正確に理解でき、必要な学習に注意を向けることを促すとともに、学生を動機づけることができます。

2 | 必要な知識や学習・参考資料を示す

　レポート課題の難易度は、学生がすでにもっている知識や情報のみでは解答できないものの、学生が新たに情報を入手したり、調べ学習を行ったりすることで解答できるレベルに設定することが、最も効果的です。そのうえで、学生がレポートを書くために必要な知識、参考にする文献・資料を示しておきましょう。学生自身に考えてほしい場合や、必要な資料を自ら見つけてほしい場合は、キーワードを示すことで、その手助けを行います。そうした手がかりを示さないと、学生は自分のもっている知識のみでレポートを書き、考察が不十分であったり、感想文のようなレポートに仕上がったりします。

3 | レポートの書き方を確認する

　多くの学生は大学で初めてレポートを書くため、レポート作成の能力や、レポート作成のためにどのような準備が必要か認識していない場合があります。近年は初年次教育プログラムにおいて、正課、正課外を問わず、レポートの書き方に関する授業や学習機会を提供する大学も増えてきました。また、附属図書館など大学内でレポート作成を支援する学習支援サービスも充実してきました。学生がどの程度こうした機会を利用してい

るか、レポートの書き方について習熟しているか、確認してから課題を提示しましょう。

4｜レポートの評価方法・基準を事前に示す

評価方法や基準を事前に示すことは、教員が学生に期待するレポートのレベルを示すことになります。学生はよい評価を得るために、求められる基準を達成できるようにレポートを作成します。このときにルーブリックのような、学生が自己評価できるツールを用意しておけば、学生は示された各観点の基準を満たすようにレポート課題に取り組むことができます。

2.2　論述型レポート課題の作り方

論述型のレポートでは、多くの知識を活用して、学生の深い理解や思考力、判断力、表現力などを測定することができます。そのためには、論題は明確であること、学生が何を調べ、どのように考え、どのようなことを書けばよいかを理解できるように伝える必要があります。したがって「～について論じなさい」という漠然とした論題では不十分であり、剽窃を引き起こす要因になります。そこで、論題を設定する際に次の点を工夫するとよいでしょう（成瀬2016）。

1｜形式面で工夫する

学生がレポートを書く際、教科書、配付資料、インターネット情報など、さまざまな情報を自由に入手することができます。そこで、あるテーマについて論述させる際に、一般的に入手できる情報の形式とは異なる形式を指定します。たとえば、「統計的差別について調べなさい」の代わりに「統計的差別について、授業で取り上げたものとは異なる具体例を三つあげたうえで説明しなさい」と指示します。この場合、授業内容を理解していなければ適切にレポートを作成することはできません。理解が不十分なままインターネットを検索しても、おそらく適切な具体例を見つけ出すことは難しいでしょう。

そのほかにも、文字数の指定、具体的な数値を用いること、図や表を活用することなどの指示を与えることで、調べた情報をそのまま転記するだけでは完成できないレポート課題を作成することができます。

2 | 内容面で工夫する

　レポートに記載させる内容を指示します。たとえば、「○○についてあなたの具体的な体験を事例に取り上げその特徴を説明しなさい」という指示を与えることで、問われている内容の理解に加え、教科書やインターネットからは入手することができない、自分にしかない情報を用いてレポートを作成することになります。つまり、インターネット等の情報をそのまま転記することができないため、学生の思考を促すことにつながります。そのほかにも、特定の教材や学生による発表内容を含めてレポートを書かせたり、学内の事例を活用させたり、学習の前後における自身の考え方の変化を書かせるなど、学生にとって身近で具体的なものを内容に盛り込むように指示します。

2.3　演習問題型レポート課題の作り方

　演習問題型のレポートは、計算や実験を通して、与えられた課題に対する解答を導いたり、与えられた命題を証明するなど、解答の形式がある程度決まっている場合があります。また、専門分野特有の決まった記述形式を習得する目的でレポートを課すこともあるでしょう。そこで、演習問題型のレポート課題を作成する際には、次の点を工夫するとよいでしょう。

1 | 参考になる例題をもとに作成する

　解答の形式や解答を導くための手順がある程度決まっている演習問題の場合は、同様の例題を参考にして、数値や条件を入れ替えたり、いくつかの例題を組み合わせて課題を作成すれば、測定したい能力のレベルに合わせた課題を作成することができます。ただし、学生も同様に例題を入手できる場合があるため、表現の仕方や場面設定などを工夫して、教科書や参考書を書き写すことがないレポート課題にしましょう。

2 | 参考にすべき例題やデータの図表を示す

　教員が意図したとおりの形式で解答を求めたいときや、専門分野特有の記述の仕方を身につけてもらいたい場合には、あらかじめ参考にすべき例題やデータ等を示しておくことも有効です。学生は、レポート課題を完成させるために、インターネットから大量の情報を得ることができる環境にいます。そのため、異なる形式や異なる分野の作法をもとにレポートを完成させてしまい、教員が意図したとおりの解答にならないことがありま

す。レポート課題を通して、学習した内容を理解し定着させたい場合には、学生のレベルに応じて適切な情報を事前に与えておくことも、学生の学習に効果的に働くことがあります。

2.4 振り返りレポートの作り方

アクティブラーニング、フィールドワーク、プロジェクト学習、体験学習などの活動を伴う学習においては、振り返りを行うことは極めて重要だといわれています。具体的な行動をしたすぐ後に振り返ることで、より多くの教訓を引き出すことができ、体験して学んだこと、学習した事柄を頭の中で整理して意識づけることができます（松尾 2011）。活動的な学習を意義あるものにするためには、内省し、そこから教訓を得て、次の状況に適応するという経験学習のサイクルを学生が実行できるようにすることが大切です。

学生の内省を促し、次の学習活動につなげることができる振り返りレポートを作成するためには、ポイントを絞り、考えさせる点をあげておきます。「○○体験を振り返り、A4用紙1枚にまとめなさい」という論題よりも、「○○体験を振り返り、新しく学んだことと作業が困難だったことをあげ、今後はどのような事前準備を行っておく必要があるかをA4用紙1枚にまとめなさい」という指示を与える方が、具体的に振り返りを行うことができ、深い学びにつなげることができます。そのほかにも、次の点について記述するように指示を与えることで、学生の内省を促します。

・学んだこと、新しく気づいたこと、成功したこと、できたこと
・難しかったこと、困ったこと、失敗したこと、自身の課題
・疑問に思ったこと、わからなかったこと
・学習意欲を促進したこと、学習意欲を阻害したこと、興味が湧いたこと
・考え方が変化したこと、取り組み方が変化したこと
・（自身の学習などに）役に立つと思うこと
・今後のアクションプラン

振り返りシートを活用する

数時間の体験学習やワークショップの振り返りを行う際には、振り返りレポートを課すよりも、学習活動の直後に「振り返り

シート」を活用して、要点を絞った振り返りをさせることもできます。徳島大学で実施している初年次教育科目「SIH道場〜アクティブ・ラーニング入門〜」においては、全部で15のプログラムが実施されており、すべてのプログラムにおいて体験学習を行うことになっています。各学部で内容が異なるため、授業を支援する総合教育センターでは、「体験学習の振り返りシート」のサンプルを準備しています。各学部はプログラム内容に合わせてサンプルをアレンジすることで、効果的に学習の振り返りをさせています。

名前：_____
日付：_____

マークシートでは学籍番号の最後の数字は使いません

●事前学習で取り組んだこと
〈授業で取り組んだこと〉

〈自分なりに予習したこと〉

〈体験学習で質問したい点〉
・
・

●体験学習中に取り組んだこと
〈活動内容〉

〈気づいた点・感想〉

〈質問した内容（得られた回答）〉

●体験学習後の振り返り
〈体験学習で学んだこと〉

〈事前学習で学んだこととの関連づけ〉

●教員コメント欄（学生は記入しないでください）

ワークシート：サンプル（体験学習）

3 レポートを評価し今後の学習につなげる

3.1 レポートの評価基準を作成する

　レポート課題は、論述式の試験問題よりもはるかに文章量が多く、理解度、文章の読みやすさ、文章の量、レイアウトなどが異なる文章を同時に評価することは容易ではありません。採点するためには学生のレポートを読み込み、記述内容を把握する必要があるため、多大な時間と労力がかかるうえに、評価基準がブレてしまうこともあります。レポートの評価基準を作成するうえでは、特にルーブリックの形式をとることが効果的です。ルーブリックを活用して採点を行うことで、効率的に信頼性の高い評価を行うことができます。一般的なレポートの評価の観点には、問題設定、論理

表10　代表的なレポートのルーブリックの例

	模範的	標準的	改善を期待
問題設定	問題に対して興味深い仮説を立て、自らの考えに基づく結論を示している。	意義や重要性に改善の余地があるものの、仮説を示している。結論がありふれたものであるものの、自らの考えをまとめている。	仮説や問題意識が不明確である。他者の意見を批判することなく、仮説や結論に用いている。
論理構成	結論を得るまでの過程が明確で、複数の論拠や対立する論拠を示しながら、論理的に一貫した構成となっている。	論拠や対立意見の扱いに不十分な点もあるが、結論を得るまでの過程が論理的に一貫している。	結論を得る過程が明確でない。または、情緒的な記述による結論を示している箇所がある。
引用	信頼できる出版元や著者による文献やデータのみを引用している。五つ以上の文献と二つ以上の公刊統計を用いている。	文献の選択に改善の余地があるが、複数の文献を選択して引用している。	文献を十分に引用していなかったり、引用していることがわからない、引用の方法や分量に不適切な点がある。
体裁	段落が適切につくられている。見出し、図表見出し、参考文献が正しくつけられている。指定された分量で作成されている。	段落や見出しの設定に不適切な箇所もあるが、概ね正しくつくられている。指定された分量を大きく逸れない範囲で作成されている。	段落が見出しの設定に不適切な箇所が多い。指定された分量を大きく逸脱している。
表現	専門用語を正しく使用している。文体が統一され、読みやすい文章で書かれ、表現の繰り返しが少なく、誤字脱字がない。	専門用語の使用に改善が必要な箇所もあるが、概ね正しく使用されている。読みやすさに改善が見られるが、誤字脱字が少ない。	専門用語を用いていなかったり、誤って用いている箇所がある。表現に間違いが多い。

出所　スティーブンスとレビ（2014）、p. 128を参考に作成

構成、引用、形式、表現があります。表10は、縦軸にこれらの評価観点、横軸に尺度をとったルーブリックです。

　ルーブリックを作成しておくと、学生への結果のフィードバックにも活用することができます。学生が作成したレポートに対して、評価の観点ごとに不十分な点や改善点を伝えるためには、教員は一つひとつに長いコメントを書かなければいけません。しかし、ルーブリックにチェックを入れて、レポートと一緒に返却することで、学生に具体的なフィードバックを与えることができます。

3.2　レポート課題を指示する

　レポート課題は、課題を課してから提出までに数週間程度の期間をとることがあります。特に、初年次の学生はこのような長期の課題に取り組んだ経験が少なく、初めて取り組むという学生も少なくありません。そこで、次の点に気をつけるとよいでしょう。

1│レポート作成のスケジュールを伝える

　レポートを課す際には、提出期限だけではなく、提出日から遡って、手順や必要な日数など具体的に説明します。たとえば、2週間後にワープロソフトで作成したレポート課題を提出させるとすると、今から3日以内には必要な文献を用意し、1週間以内に関連する情報や知識を理解する。その後、文章を書き始め、提出3日前にはある程度の原稿を完成させ、最後の3日で推敲を行う必要があることを説明します。そうすると、2週間後に提出するレポート課題であっても、すぐに図書館に行って、指定された文献を探すところから始めなければいけないことがわかります。初年次の学生にとっては、このようなスケジュール管理の支援も有効です。

2│レポート作成に行き詰まったときの相談対応について説明する

　レポート課題を課してから提出期限までの間、学生が教職員に相談できるようにしておきましょう。特に、初年次の学生はレポート作成の経験が少なく、課題に取り組み始めて数日が過ぎてから、疑問点や不明点に気づくことがあります。いつでも相談できる雰囲気をつくっておくことで、学生は安心して課題に取り組むことができます。オフィスアワーの時間を伝えたり、レポート作成の参考になる文献を提示したり、学内の学習支援に関する窓口を紹介したりするとよいでしょう。

3 | 具体的な指示を与える

　問題文を配付するだけでなく、口頭で具体的な内容を説明しておきましょう。何を論ずるべきであるのか、前提条件や調査しなければいけない項目などを伝えます。期待している論理展開などがあれば説明します。提出方法、提出場所、文字制限、用紙の指定、レポートの形式も決まっていれば示しておく必要があります。ルーブリックを提示して、求められるレポートの評価基準を示しておくこともできます。採点しやすいように、段組み、余白、タイトルや氏名の記載方法、文字の大きさ、フォントなどを示した、レポート執筆要領を作っておくこともお勧めします。提出に際して必要な事項をまとめたチェックリストを配付しておき、署名とともに提出させることも有効です。一度作ってしまえば、他の授業や翌年度も使うことができます。

3.3　レポート課題を評価する

　レポートを効率よく評価することは、学生へのフィードバックを早め、学習を促進するとともに、教員に時間的な余裕をもたらしてくれます。評価基準の作成に加えて、次の工夫をすることで、効率性を高めることができます。

1 | 全体を流し読みし基準となる解答を見つけておく

　評価を始める前に、学生の解答全体を見て、評価の基準となるレポートを決めます。最もよくできているレポート、最もできていないレポート、評価が中間程度になると思われるレポートを見つけ出し、これらのレポートを基準にして評価します。また、出来の悪い順やよい順に並べ替えてから正確な評価を行っていくことで、評価にかかる時間を少なくすることができます。

2 | レポートの形式を統一する

　レポート用紙のサイズ、氏名・学生番号・タイトルを記載する位置、文字の大きさや配置なども統一します。授業で行うレポート課題だから、あるいは初年次クラスのレポート課題だから、細かく指定しなくてもよいと考える教員もいるかもしれませんが、形式の統一も採点の効率を高めるためには有効的です。大量のレポートを採点する際に、これらが揃っていないと、相当な負担になります。

3 | ティーチング・アシスタントを活用する

　すべての採点を1人で抱え込まずに、ティーチング・アシスタント（TA）に協力してもらうことも効果的です。ただし、TAに採点を任せる際には、次の点を共有しておく必要があります。

> ・採点を依頼するレポート課題の意図
> ・ルーブリックなどの正確な評価基準
> ・授業の様子や学生の学習に対する取り組み方、特に気になる学生の情報
> ・学生の情報やレポートの評価を口外しないなどの教育者としての心得

　採点を任せる以外にも、レポートの並べ替えの作業を依頼したり、レポート課題で求めている最低条件が満たされているか否かを判断してもらうだけでも、効率的な採点につながります。もちろん、最終的には教員が確認を行い、評価の責任は教員がもちます。また、大学の方針としてTAが採点に関わることを制限する場合もあるため、事前に方針を確認しておきます。

4 | 自己評価をさせておく

　レポート課題を提出させる際に、学生自身に自己評価をさせておくことで、採点の参考にすることができます。たとえば、ルーブリックを事前に配付し、学生自身に自己評価させてみましょう。自己評価の後にレポートを修正する学生もおり、そのことが採点の効率化にもつながります。また、どの程度の時間を費やしたのか、根拠にした資料やデータを示してもらうことも、採点の参考になるでしょう。

5 | ピア評価を活用する

　学生同士で評価をさせて、その結果を参考にすることもできます。ルーブリックを活用することで、学生による評価であったとしても、信頼性は高まります。その評価を参考にして順番を並べ替えたり、形成的評価の場合はそのまま活用したりすることで、教員の負担を軽減させることができます。

3.4　レポートのフィードバックを行う

　試験と同様、フィードバックは、学生の今後の学習に大きく影響を与え

ます。次のように少しの工夫をするだけでも、学生は大きな気づきを得る場合があり、それ以降の主体的な学習につながります。

1 | できるだけ早く返却する

これは、どのような評価においても、最も大切なことの一つです。学生の記憶に残っているうちに返却をしましょう。個人に結果をすぐに返却できない場合には、全員に対して解答全体の傾向や印象を説明し、学習しておくべき点を注意したり、解説を行ったりするだけでも効果はあります。また、優れたレポートがある場合には、学生の了解を得てそれを配付することも効果的です。

2 | 評価結果の理由を説明する

レポート評価では、正解か否かや、点数、評点をフィードバックするだけでは、学生はなぜそのような結果になったのかがわかりません。このような状態ではレポート課題の結果の改善に向けた学習計画を立てることができません。何ができていて、何ができていなかったのか、どうすれば評価が高くなるのかを説明しましょう。コメントを付け加えるだけでもよいですが、ここでもルーブリックを活用すれば一目瞭然に伝えることができます。

3 | 必要な学習を伝える

結果の理由とともに、次に学習すべき点を伝えることも大切です。不足していた知識があるのであれば、その学習方法や参考となる資料を示し、構成や文章力が不足していたのであれば、レポートの書き方に関する文献を紹介します。

4 | 必要に応じてやり直しをさせる

レポートは、作成方法や基本的なルールを身につけたからといってうまく書けるようになるとは限りません。何度も練習することが大切です。自分が担当する授業が終了しても指摘した点を再度修正させるなど、その後のフォローや指示をすることも、教員の教育的活動として必要です。

ワープロソフトのコメント機能を活用してレポートのフィードバックを行う

事例 レポートのフィードバックを行う際には、レポート全体に対する総合的なコメントと、修正点や誤っている点を直接指摘するコメントを使い分けることで、学生が自分のレポートの改善点を詳細に把握できるようにします。

徳島大学の井戸慶治氏は、学生がワープロソフトで作成したレポートをメールで提出させ、ワープロソフトのコメント機能を活用して、修正が必要な箇所や理解が不十分な点を指摘しています。レポートの最後に、全体に対する総合的なコメントを記載して、メールで返却しています。学生は、フィードバックを受けて、レポートを修正してメールで再提出します。

このようなやりとりを何度か行うことで、学生は学習内容に対する理解が深まるとともに、レポート作成のスキルを上達させることができます。

ヨーロッパ文学研究
「若きウェルテルの悩み」ゲーテ作　竹山道雄　訳

∞　△△

～中略～

彼は、ロッテに会う前に、一人の農夫に出会い、その農夫の女主人の話を聞く。農夫はその女主人に惚れており従者でありながら彼女に行為を寄せていて、また大変にその女主人をほめていることから、見てみたいと思うが、彼はその女性に惚れているからなそんな女主人を褒めているのだと考え、その女主人を見るのをやめ、彼が語る女主人の幻を壊しかねないという。この発言をしたすぐさま、ウェルテルはこの農夫と同じように劇的な恋に落ちる。この点に、農夫とウェルテルとの初めの類似点がみられる。ウェルテル自身もロッテのことについては語るに足りないとし、ウィルヘルム宛に彼女を美化した文章を送る。ウェルテル自身も以前に農夫のこの姿勢が幻であるとしたが、彼が同じ境遇に立った時、彼も同じようにウィルヘルムに幻とされるものを語っているところが面白いところである。

ウェルテルは自分のロッテへの感情は抑えられるべきものであるとし、彼女との距離を開けようと旅に出ることにした。彼がたどり着いた街で、すぐに彼は尊敬のできる伯爵様と出会う。また若い娘と出会い、交際を深めていく。しかしながら、伯爵様に招待されたパーティーに参加したことでウェルテルは深く傷つく。そのパーティーにはその若い女性も来ていたのであるが、彼女とともに行動をとるなかで彼はあまり歓迎されていないことに気付く。伯爵の親類であるものが下流のものが違うとしているとして彼女を追い出すようにと意見した。上流階級の人々との交わりを否定されたこと、身分の違いにより不遇な対応を再び受けたことにより、彼は街を出ることにした。当時のドイツにおける階級社会を濃く表すものとして興味もある場面でもあり、彼自身の近人への信頼を裏切られたこと、またナを持っていたことを対等に扱ってもらうことがないという社会批判も読み取れる。彼はこれらの困難を神から与えられたものとし、彼自身不運な人生を送っていると語るが、その一方で愛するロッテとの幸せな日々を懐かしむところが、世の中の不条理さを嘆く一方で、それの慰めともいえる純粋な女性への恋の幸福な日々の描写が印象に残った。

～中略～

【総合的なコメント】
テキストを読んで感じたり考えたりしたことを自分の言葉でまとめているという点で、結構と思います。
文章表現の点で、いくつかの問題点がありましたので、校閲機能を用いて吹き出しの中に書きました。これらの点の多くは、一度でも推敲すれば改善できていたのではないかと、ちょっと残念に思います。今後、少なくとも人に見せることが前提の文章を書く場合は、推敲する習慣を身につけてください。推敲することによって、文章表現という形式の点だけでなく、内容的にもしっかり考える機会ができ、改善されることもあると思います。
あと、そうですね、内容的にもっと深めていく方向の例として、ウェルテルという人物を批判的に見ることもできるのではないかと思います。身分制に対する彼の悩みはなるほどもっともなものですが、自殺へと至る原因は彼の悩みだけでなく、彼の性格や基本的な態度の上での弱みのようなもの、たとえば現実主義でなく自分を甘やかしているように思える点、にもないでしょうか。
それから、文学史的なことについてひとつ。書簡体小説というものは、近代ヨーロッパ文学においては割と

コメントの追加 [k1]: 好意

コメントの追加 [k2]: この部分の主語はウェルテルでしょうか、明記したほうがよいでしょう。

コメントの追加 [k3]:「この発言をした」とくれば「すぐ後」のほうがすわりがよいし、「すぐさま」を生かすなら「この発言をして」「この発言の後」のほうがよいでしょう。

コメントの追加 [k4]: この文の前半と後半は意味がつながりにくく、私にも全体の文意がよくわかりません。

コメントの追加 [k5]: 伯爵、でよいのでは。

コメントの追加 [k6]:「その」という指示語があるのですが、この女性は初出ですね。

コメントの追加 [k7]: 伯爵の親類の一人?

コメントの追加 [k8]: ?

3.5 課題に取り組む学生を支援する

レポートを課す際には、授業全体を通してレポート作成の準備をさせることで、学生はレポート課題を意識して日々の学習に取り組むことができます。

1 | 授業を通してレポートへの意識を高める

学期末にレポート課題を考えている場合は、授業の初回のガイダンスで説明するのはもちろんのこと、授業の後半でも、再度、レポート課題のことを説明しましょう。学期末に実施するレポート課題は、すぐに解答できる内容ではなく、レポート作成のために一定期間（たとえば2週間）をとる場合があります。これには、授業で学習した内容の復習や、文献や資料の収集を伴います。授業全体を通して学期末のレポート課題のことを話題に出し、課題を解くために重要になる知識や内容を強調することで、学生の学習意欲を喚起します。

2 | 短いレポート課題で練習させる

文字数の多いレポート課題を課そうと考えている場合には、短い文章のレポート課題を出題し、練習をさせておくとよいでしょう。学生は少しずつレポート作成能力を身につけることができ、教員は学生のレポート作成能力を把握することができます。複数回練習をさせ、そのたびにフィードバックを行うことで、レポートの構成やルールに関する理解が深まります。

3 | 過去の受講生が作成した優れたレポートを配付する

学生が、過去に受講した学生の優れたレポートを読むことは、ルーブリックの最高評価欄の記述内容を読む以上に効果的な場合があります。同じ立場の学生が作成しているからこそ、自分でも同じようなレポートが書けるのではないかという意識が生まれます。レポートに限らず、優れた学生の作品は、学生の了解を得てコピーをとっておくことで、次年度以降の学生の動機づけを高める教材として活用することができます。

4 レポート課題での不正行為を防止する

剽窃は、試験のカンニングと同様に不正行為ではありますが、カンニングと異なり、学生に悪意がない場合でも剽窃が起こってしまうことがよくあります。特にレポート作成の経験が少ない学生は、どのような行為が剽窃にあたるのかを理解しておらず、無意識に不正行為をしてしまう場合があります。高校までの学習でも、学生はさまざまな情報を用いて文章を書く学習を行っていますが、引用や剽窃について厳密に指導されていない場合もあります。また、インターネットの情報をそのまま掲載しても、レポートが完成してしまわない課題とするには以下のような工夫が必要です。

4.1 不正行為を防ぐための環境を整える

不正行為を防ぐために、レポート課題の工夫や日頃の授業でできることがいくつかあります。

1 | レポート課題を工夫する

試験問題と同様に、レポート課題の論題を工夫することで剽窃を防ぐことができます。インターネットや教科書に掲載されている情報の「素材」をそのまま転記するだけでは作成できない、あるいはできそうにないと学生に思わせる課題を用意します。

2 | 何が不正行為に当たるのかについて説明をしておく

初年次の学生の多くは、剽窃と引用の違いが理解できていません。引用の仕方や剽窃について、基本的なルールを教えることが大切です。また、ルールを守れなかったときにはどのような罰則があるかについても、明確に説明をしておきましょう。

3 | 学生との信頼関係を築く

日頃から学生を理解しようとし、質問や宿題の相談に丁寧に対応することで、学生は剽窃になるかどうかの判断がつかないとき、事前に教員に相談するようになります。このように学生との信頼関係を築くことも、剽窃を防ぐことにつながります。

4.2 レポートでの剽窃に対応する

　レポート課題での剽窃は筆記試験での不正とは異なり、学生が意図していない場合もあるため、剽窃が不正であることを学生が理解できるように説明する必要があります。

1 ｜ 剽窃であると判断できる点を明確にする

　剽窃の疑いがある場合は、どの点が剽窃に当たるのかを明確にしてから、その学生を呼び出し、話を聞きましょう。複数の学生に疑義が生じた場合、正しい情報を聞き出すためにも個別に呼び出し、それぞれに事情を確認するようにしましょう。同時に剽窃の疑いのある学生を集めて話を聞いても、学生同士がお互いをかばい合って本当のことを話さない可能性があるためです。

2 ｜ 剽窃をした理由を聞き取る

　学生に問題となる点を説明したうえで、なぜそのような行為をすることになったのか理由を明らかにしましょう。学生に悪意があったのかどうかを把握することは重要です。学生に悪意がなかった場合は、なぜ学生は剽窃をしてしまったのかを明らかにしましょう。そのために次の点を再度確認してみましょう。

- ・レポート課題は適切であったか（論題、課題内容、出題範囲、難易度、作成期間）
- ・支援体制は十分であったか（レポートの書き方の指導、相談対応）
- ・学生はレポート課題を解くための能力を有していたか（授業内容の理解、レポート作成能力）
- ・学生は不正行為に対する理解をしていたか（不正行為に関する説明の有無）

3 ｜ 厳しい態度で対応する

　悪意のある剽窃行為に対しては厳しい態度で臨む必要があります。学生のためにも見逃してはいけません。学生の不正行為を正すことも教育であり、教員の務めです。剽窃は他者の創作物を自分のもののように偽ること、つまり盗作であり、犯罪行為であることをはっきり伝えましょう。剽窃を行うことで、これまでの努力や成績に対する信頼も失うことを説明するとよいでしょう。

9章

グループ学習を評価する

1　グループ学習の目的を明確にする

1.1　グループ学習を取り入れる

　アクティブラーニングへの注目が集まる中、グループ学習を授業に取り入れる教員が増えています。グループ学習を取り入れる目的は多数ありますが、一般に次のような目的で取り入れられることが多いでしょう。

・1人では取り組むことが難しい複雑な課題に取り組むため
・相互に教え合う経験や知識を活用する経験により、学習内容の深い理解を促すため
・社会で必要な、相互に協力し励まし合う態度や価値観を形成するため

　グループ学習の評価を設計する際は、まずグループ学習をどのような目的で取り入れたかをあらためて確認しておきましょう。

1.2　グループ学習は学習目標ではない

　学習評価は、個人が学習目標をどの程度達成したかを評価するものです。グループ学習は、教育方法の一つであり、学習目標にはなり得ないため、グループ学習自体を評価することはできません。しかし、グループ学習を通して身につく目標を設定すれば、評価は可能です。

　たとえば、グループで課題に取り組む場合は、個人で取り組む場合と比べて、メンバー間での役割分担、協力、リーダーシップなどが必要となります。これらは汎用的な技能として、学習目標になり得ます。こうした目標を評価する際は、最終的な学習成果だけでなく、学習プロセスを評価する

必要も生じます。

1.3 協同学習と協調学習

グループ学習とよく似た概念として、協同学習と協調学習があります（関田と安永 2005、バークレイほか 2009）。ここでは、これらの概念同士の関係を説明します。

協同学習 (Cooperative Learning) は、学習内容の理解や習得に加え、学生同士で協同するスキルを高めたり、協同することの価値を学ぶことを目的とした学習です。協同学習では、学習目標の達成には相互の協力が不可欠であり、そのために役割分担や助け合い、学習資源や情報の共有、共感や受容などの情緒的な支援が奨励されます。そのため、教員の役割も学生同士で協同する意義や価値の確認を促すことが中心になります。学習評価においても、学習成果に加えて学習の過程の意欲や態度を評価対象として重視します。

協調学習 (Collaborative Learning) は、社会的構成主義に基づいた学習です。つまり、知識を客観的で文脈から切り離されたものではなく、社会的な相互作用を通して構成されていくものと考えます。たとえば、調査結果に基づいて課題解決方法を提案する、装置や作品などの最終成果物を制作するなどのプロジェクト学習があります。そこでは、教員だけが知識をもっていると考えるのではなく、学生たちも知識の有効性や活用可能性を協力して構成することができると考えます。この過程で、学生間で競争したり反対意見を述べたりすることが推奨される場合もあります。これに比べると、協同学習は学生間の協同の価値をより重視した学習です。

協同学習と協調学習を包括する概念として、グループ学習があります。また、相互の採点、資料の共有、課題についての話し合いなど一般的なグループ学習／共同学習もあります。図8はこれらの関係をまとめたものです。

図8　協同学習と協調学習（出所　関田と安永 2005、p. 15を参考に作成）

1.4　評価の準備をする

　グループ学習の目的を確認したら、評価の準備をします。グループ学習の評価では、評価の対象と評価者の二つの要素が重要です。表11のように、評価の対象には、①個人の学習成果、②グループの学習成果、③グループ活動への参加と相互協力の三つがあります。評価者には、①教員、②学生自身、③他の学生の三つがあります。

　たとえば、教員だけで三つの対象を評価するとします。個人の学習成果は、個別の筆記試験、グループの学習成果は共同執筆のレポート、グループ活動への参加は授業中の観察によって評価します。しかし、グループ活動への参加については、学生の方がより多くの情報をもっています。そのため、学生同士の評価を加えるとよいでしょう。

表11　評価の対象と評価者の組み合わせ

評価対象／評価者	個人の学習成果	グループの学習成果	グループ活動への参加
教員			
学生自身			
他の学生			

1.5　グループを編成する

　何人の学生で一つのグループを編成するかは、難しい問題です。一般に、メンバーが自律的に学習に取り組める人数は、3〜5人といわれています(Bloxham & Boyd 2007)。グループにティーチング・アシスタントやチューターをつけることができる場合は、7〜9人まで増やすことができます。学生同士だけで学習する場合やグループ学習に不慣れな場合は3人から始め、多くても5人までにします。

　グループの編成を学生に任せる場合と教員が行う場合では、どちらにもメリットとデメリットがあります。表12はそれぞれの特徴をまとめたものです。一般には、教員が目的に応じて編成するとよいでしょう。どちらの場合であっても、グループを編成した後の準備活動が重要です。具体的には、次のような準備活動を行います(Gibbs 1994)。

・お互いを知る
・互いに守るルールを決める

9章　グループ学習を評価する

表12　グループの編成方法の特徴

教員が決める	・グループを多様な特性をもつメンバーで編成できる ・意見の不一致から緊張状態が生まれたり、協力的な関係がつくりにくくなる場合がある
学生が決める	・自分で仲間を選ぶことが、学習の意欲や安心につながる場合がある ・同質的なグループになりやすく、多様な考えに接する機会を減らす
ランダムに決める	・学生の目から公平に見える ・短期的な活動を何度も行う際に適している ・一旦つくったグループを解散してリフレッシュする際に適している

出所　バークレイほか(2009)、pp. 35-39を参考に作成

- ・記録の取り方を決める
- ・ミーティングのもち方を決める
- ・役割分担を決める

　これらのうち、グループ編成直後は互いに守るルールを決めることが特に効果的です。グループ学習が円滑に進まない理由の一つは、ルールが可視化されていないことです。そのため、グループに貢献することや、役割を公平に分担することを宣言した宣誓書を共同で作成して、メンバー全員で署名させる教員もいます。口頭でルールを確認するよりも、よりグループに貢献する行動が期待できます。

2　グループ学習の評価の基本モデル

2.1　個人の成果の評価

　グループ学習の評価の難しさは、個人の成果は個人として、グループの成果はグループとして評価する点にあります。グループの成果を個人として評価したり、個人の成果をグループとして評価すると混乱が起こるためです。そこで、グループ学習の評価は、①個人の学習成果の評価、②グループの学習成果の評価、③グループ活動への参加と相互協力に関する評価の三つに分けて設計します。グループ学習であっても個人の学習成果についても評価することが大切です。

　たとえば、プロジェクト学習では、グループの学習成果は個人の学習成果を反映したものです。その際、グループの学習成果だけで成績が決まる

105

としま。グループの学習成果が異なる二つのグループがあるとき、獲得した知識やスキルが同じ学生に対して、異なる成績がつく場合があります。個人の成果が評価されないと、グループの活動に十分取り組まない学生が出る場合があります。すなわち、フリーライダーの問題です。フリーライダーを許すと他の学生も学習意欲が下がります。

グループで取り組む学習課題において、個人の学習成果を評価する方法には次のようなものがあります(Brookhart 2013)。

1│振り返りレポート

振り返りレポートは、個人の学習成果を確認する標準的な方法です。「この課題に取り組む中で学んだことのうち、最も重要なものを3点説明してください」のように、学生に記述内容を決めさせる形式と、「低域フィルタ回路の設計では、抵抗と遮断角周波数にどのような工夫をしましたか」「南北戦争に関わった人物のうち、最も注目する人物の果たした役割を説明してください」のようにプロジェクトの実施に必要な知識を答えさせる形式があります。

振り返りレポートは、実験、PBL(project-based learning)、ケーススタディのように、全グループが同じ課題に取り組む際に特に有効です。通常のレポート課題と同様に、評価のためのチェックリストを用意し、学生に周知しましょう。表13は、振り返りレポートの評価チェックリストの例です。

表13　振り返りレポートの評価チェックリスト

優れている	南北戦争に関わった人物の詳細な描写に加え、的確な歴史上の情報を選択して詳細に記述し、その人物との関係を説明している。
満足できる	南北戦争に関わった人物の描写と、歴史上の情報を正確に記述して、その人物との関係を説明している。
最低限の水準である	南北戦争に関わった人物の描写は限定的で、歴史上の情報や人物との関係も十分ではないが説明を試みている。
改善が必要である	南北戦争に関わった人物の描写や、歴史上の情報、それらと人物との関係がほとんど説明されていない。

出所　Brookhart(2013)、pp. 16-18を参考に作成

2│口述試験

振り返りレポートと同様の課題を、口述試験で確認することもできます。口述試験は、プレゼンテーションのようなグループの学習成果を発表

する場面で同時に行うことができる点が特徴です。たとえば、グループでのプレゼンテーションの終了後に、特定の個人を指名して必要な知識やスキルを確認する質問をします。

他の学生がいる場で行う口述試験は、問題解決策を提案するプロジェクト学習のように、共通のテーマのもとで各グループが取り組む課題を決め、学習成果がグループ間で異なる場合に特に有効です。口述試験を通して、学生個人が問題解決の基盤となる知識やスキルを身につけているかどうかを確認することができます。

3 | グループ活動後試験

グループ活動後試験は、グループ学習の後に個人に対して筆記試験やレポート試験を課すものです。グループ活動の成果を個別試験で評価することは、学生のグループ学習に取り組む意欲を下げる場合があります。一方、シミュレーションやロールプレイのように、学生の役割が互いに独立しており、グループ活動の後でその経験を振り返る機会がある学習では、振り返りの後で個人単位の試験を行うことができます。医療面接における医師と模擬患者、模擬法廷における裁判官、検察官、弁護人のように、どれか一つの役割を担った後に、それらを統合する問題を個別試験で問うと効果的です。

2.2　グループの成果の評価

グループ単位で取り組むレポート、プレゼンテーション、実演などの成果は、個人の評価と同様、チェックリストやルーブリックによって評価の観点と到達基準を示し、それらに沿って評価します。個人課題のルーブリックと異なる点は、メンバーと協力して課題に取り組むことを評価の観点に含める点です。表14は、グループでブレインストーミング・内容の整理・構造化を行う作業を評価するルーブリックの例です。

2.3　相互協力に関する評価を行う

協同学習のように、相互協力のスキルが到達目標に含まれている場合、最終成果物に加えて、学習プロセスも評価します。学習プロセスの評価は、学生による振り返りを中心に行います。具体的には、多くのアイディアを出したか、多様な意見に注意を向けたか、役割を適切に分配したか、メンバー間の相違や対立を適切に克服したか、十分な意思疎通を図ることがで

表14　ブレインストーミング・内容の整理・構造化ワーク　ルーブリック評価表

観点	尺度			
	大変 よくできています	よくできています	ふつうです	もう少し 頑張りましょう
①チームワーク	チームのメンバーで声をかけ合って、役割分担ができていて、ワークを楽しみながら進められていた。	チームのメンバーで声をかけ合って、役割分担ができていた。	あまり声のかけ合いがなかった。または、誰か1人が仕切って進められていた。	チーム内での声のかけ合いが少なく、バラバラであった。
②ワークの 時間配分	時間内にワークを進め、時間いっぱい考察をしようとし、余裕をもって作成することができた。	時間内にワークを進めたが、早く終わりすぎた、またはぎりぎりで時間内に作成することができた。	時間を気にせずワークを進めたが、与えられた時間内に作成することができた。	時間内に完成しなかった。
③ブレインストーミング （内容の整理・構造化）	十分なアイデアを出すことができ、論理立てた分類ができていた。	十分なアイデアを出すことができ、カテゴリー分類ができていた。	ある程度のアイデアを出すことができていた。	出されたアイデアが少なかった。
④結論	内容の整理・構造化をもとに、適切に結論を導くことができていた。	結論を導くことができていたが、結論とワークが論理的に結びついたとは言い難い点が少しあった。	結論を導くことができていたが、ほとんど、結論とワークが論理的に結びついていなかった。	結論が全く出せていなかった。
⑤プレゼンテーション	ジェスチャーをふまえて聴衆が聞き取りやすい声量であり、聴衆を意識できており、聴衆は内容を理解できた。さらに、質問に対して適切に回答ができていた。	ジェスチャーをふまえて聴衆が聞き取りやすい声量であり、聴衆を意識できており、聴衆は内容を理解できた。または、質問に対して適切に回答ができていた。	聴衆が内容を理解できる発表であった。	聴衆が内容を理解できず、ただ話しているだけであった。

表15 学習プロセスの振り返り評価シートの例

	よく当てはまる	やや 当てはまる	ほとんど 当てはまらない	全く 当てはまらない
メンバー同士はよく協力した		✓		
メンバーは課題の成果の質が高まるように努力していた		✓		
意見をあまり言わないメンバーがいた			✓	
一部のメンバーの意見ばかりが採用されていた			✓	
否定的な意見が言いやすかった		✓		
お互いに信頼し合っている雰囲気があった	✓			
このメンバーで課題に取り組んだことに満足している		✓		

出所 Watson & Michaelsen（1988）、pp. 501-502を参考に作成

きたかなどの観点が評価の対象になります。表15は、学習プロセスを学生が振り返るためのチェックリストの例です。

振り返り評価を行う方法もいくつかあります。たとえば、①グループメンバーで話し合って一つの評価をする、②各メンバーが個別に振り返り評価をし、グループ内で平均をとる、③各メンバーが個別に振り返り評価をして、教員が集計する、などがあります。

2.4 グループ学習の成果を成績に反映させる

グループ学習の成果を、個人別の成績評価に反映させる方法には、表16のようなものがあります（Winchester-Seeto 2002）。大別すると、教員主体で行う方法と、学生主体で行う方法があります。教員主体で行う方法には、グループ全体の評価を共有する方法と、個人別の評価を成績に反映させる方法があります。

表16　グループの学習成果の評価方法

教員主体で行う方法

評価方法	特徴	メリット	デメリット
グループ内同一評価	・グループ内の個人の貢献度にかかわらず、全員が同じ成績とする	・実施が容易 ・学生同士の協力を促すことができる	・貢献度の高い学生を不当に評価する可能性がある
グループ内平均評価	・個人別に課された課題を個人ごとに評価し、グループメンバーの平均をグループの評価とする	・グループ学習と個人学習の動機づけのバランスをとりやすい	・貢献度の高い学生を不当に評価する可能性がある
個人役割評価	・グループ内で個人が担当した役割についてのみ評価する	・学生の動機づけを損ないにくい ・個人の貢献を正当に評価できる	・担当した役割の間で難易度がある場合に学生間で不満が出る ・学生間の協力を促すことができない
個人レポート評価	・グループ学習の成果や経験に基づいて、個人で取り組むレポートを評価する	・学生が正当な評価であると受け入れられやすい	・学生間の協力を促すことができない
個人試験評価	・グループ学習の成果や経験に基づいて、個人で受ける試験で評価する	・学生同士で教え合いの機会をつくることができる	・グループ学習のメリットを活かすことができない

学生主体で行う方法

評価方法	特徴	メリット	デメリット
話し合いによる得点分配	・グループ単位の評価を教員が行い、学生同士の話し合いでその配分を決める*	・グループ内の優れた成果が成績に反映されやすい ・グループ貢献への動機づけを高められる ・教員のみが評価するよりも公正な評価と認識されやすい	・仲の良い学生同士での評価が偏る場合がある ・学生間で対立を生む可能性がある ・学生に正当な評価をするスキルが不足する場合はトラブルを生む可能性がある
相互評価による得点分配	・グループ単位の評価を教員が行い、学生同士の相互評価でその配分を決める*	・グループ内の優れた成果が成績に反映されやすい ・グループ貢献への動機づけを高められる ・教員のみが評価するよりも公正な評価と認識されやすい	・仲の良い学生同士での評価が偏る場合がある ・学生間で対立を生む可能性がある ・学生に正当な評価をするスキルが不足する場合はトラブルを生む可能性がある

*4人グループに対して教員が80点を付けた場合：80×4＝320点を4人で分配する。全員の貢献が同一なら全員80点、1人の学生の貢献を90点としたら残りの3人は76点を付ける。

出所　Winchester-Seeto(2002)を参考に作成

3 フリーライダー問題に対応する

3.1 基本的な対応方法

　グループ学習を取り入れた際、多くの教員の頭を悩ませる問題の一つにフリーライダー問題があります。一般に、フリーライダーとは、必要な費用を負担せずに便益を得る人を意味します。ここでのフリーライダー問題とは、グループ単位の学習成果が評価される際に、グループの活動に参加しなかったり、与えられた役割を果たさなかった学生にも、非常に熱心に取り組んだ学生にもグループ単位で同じ評価が与えられる問題を指します。

　フリーライダー問題への基本的な対応方法は、次のようなものになります (Hall & Buzwell 2012)。

- グループ学習を取り入れても、学習成果は個人単位で評価する (ただし、グループ学習に取り組む動機づけを下げる可能性がある)
- 個人の役割を明確にして、学習成果は個別担当部分だけを評価する
- グループの学習成果と個人の学習成果の双方を評価する
- 原則としてグループの学習成果で評価するが、グループ内の相互評価によってその配分を変更する余地を設ける

　こうした方法によって、フリーライダー問題を一定程度抑止することができます。

3.2 フリーライダーが起こる背景

　一般にフリーライダー問題は、積極的な態度と消極的な態度の二つの態度によって起こるといわれています。表17は、それらの態度をまとめたものです。

　グループ活動が開始された早い段階で、アンケートや自己省察シートを配付し、上のような問題があるかを調査することで、フリーライダーが存在するかを確認することができます。長期にわたるグループ学習では、グループを形成した直後と中盤に調査を行い、学生のグループ内の活動状況の把握に努めましょう。

3.3 相互評価を活用する

　フリーライダー問題に対応するうえで、2節で示した学生間での相互評

表17　フリーライダー問題の原因となる態度

積極的態度	独占	グループ内の特定の人が積極的で支配的である。
	野心	メンバーに極めて勤勉で高い成果を目指す学生がいる。
消極的態度	教員への依存	積極的に関わらなくとも教員が必要な支援をしてくれる。
	罪悪感	他のメンバーの方が有能であると引け目を感じて、積極的に関わらないことがグループにとって最善と考える。
	逃避	学習活動以外の活動に高い優先順位がおかれて、グループ学習に積極的に関わらなくなる。
	個人的な関係	メンバー間で個人的な不仲がある。

出所　Börjesson et al.（2005）を参考に作成

グループの活動の質を高めるために、学生同士の評価を行います。シート記入後は本人に渡してください。このシートは授業最終日に、教員に提出してください。

（　　　　　　　　　）さんを評価します　　　　　評価者の氏名（　　　　　　　　）

1. ○○さんの作業の質に満足している　　　　　　　肯定|……|……|……|否定
2. ○○さんの作業の量に満足している　　　　　　　肯定|……|……|……|否定
3. ○○さんはすべての議論に積極的に参加している　肯定|……|……|……|否定
4. ○○さんは作業を共有し、グループの貢献している　肯定|……|……|……|否定
5. ○○さんはメンバーに敬意を示し、
　　グループ学習がうまく進行するよう心がけている　肯定|……|……|……|否定
6. 優れた点やより良くできる点などコメント

_____

_____

_____

図9　相互評価シートの例（出所　佐藤 2010、p.142を参考に作成）

価が有効です。より効果的に活用するためには、図9のように相互評価にどのような評価の観点を含めるかを明確にしておくとよいでしょう。

　たとえば、役割分担が求められる課題に取り組むのであれば、「与えられた役割を果たした」「他の人の役割を支援した」などの観点を含める必要があります。また、「時間通りに集まった」「期限までに提出した」「自発的に役割を引き受けた」など、どの学生から見ても判断に迷わない具体的な表現で観点をつくることも重要です。

4 グループ学習を促す評価技法

4.1 個人とグループの両方の努力を促す

　グループ学習では、相互依存を促進しながら個人の責任も明確にすることが重要です（バークレイほか 2009）。そこで、個人とグループの両方の努力を反映できる評価方法が必要です。以下の二つの技法は、この考えを取り入れた学習評価技法です。

1 | テスト・テイキング・チーム

　協同学習の利点を活かしたテストの技法です。チームテストとも呼びます。チーム、個人、チームの3段階でテストに取り組みます。まず、学生はチームを組み（4～6名）、チームで試験の準備をします（短ければ15分、長ければ授業1コマ分かそれ以上）。複数で準備に臨むため、知識の幅を広げたり、理解を深めたりすることができます。その後、個人で試験に臨みます。準備は複数で行いますが、試験問題は個人で解く必要があるため、一人ひとりが責任をもって準備に取り組むことになります。個別の答案はいったん教員に提出しますが、採点結果が返却される前に、チームで再度検討しチームでの答案を提出します。学生個人で取り組んだ解答を持ち寄ってチームで解答するため、多くの場合個人よりもよい成績が得られます。最終的には個人の得点とチームの得点との平均点を学生個人の成績とします。それぞれの結果に重み付けすることもできます。たとえば、個人の得点を3分の2、チームの得点を3分の1にするなどです。

2 | センド・ア・プロブレム

　2～4名のグループをつくり、各グループに別々の問題と解答用紙を配付します。その後、問題とグループの解答用紙を隣のグループに回します。その際、解答用紙は封筒に入れるなどして、解答が見えないようにします。問題を受け取ったグループは、新たな問題を解き、再び解答用紙を封筒に入れて隣のグループに回します。この一連の活動を何度か繰り返した後、封筒を開いて他のグループが出した解答を採点します。最終的に、各グループが採点した解答をクラス全体で報告させます。その際に、もし誤りがあれば教員が指摘したり、補足したりします。応用として、これらの活動をオンライン上で行ったり、問題を学生が作成したり、試験前の復習として活用したりすることも可能です。

表18　問題解決と評価スケジュールの例

| | 第1段階：問題解決 | | 第2段階：解答への評価 |
	時間枠1	時間枠2	時間枠3
グループA	問題イを解く	問題ロを解く	問題ハの二つの解答を評価する
グループB	問題ロを解く	問題ハを解く	問題イの二つの解答を評価する
グループC	問題ハを解く	問題イを解く	問題ロの二つの解答を評価する

出所　バークレイほか（2009）、p. 147

　グループ活動を評価する技法には表18のようなものもあります（バークレイほか2009）。

4.2　振り返りや日誌にコメントする

　グループ活動の過程で得た知識や経験を振り返る際に、振り返りシートの記入によって振り返りを促す場合が多くあります（表19）。このシートを他のグループメンバーに見てもらい、書かれた内容についてコメントや質問を書いてもらいます。これは、書き手と読み手の双方の学生に、記述内容と自分の経験や考えを関連づけることを促します。

　具体的には、次の手順で学生間のやりとりを進めます（バークレイほか2009）。

① 振り返りシートに、他の学生が記入するための枠を設けておきます。
② 書き手はグループ学習を振り返り、気づいたことや考えたことを記入します。
③ グループ内でシートを交換し、読み手は書かれた内容を読んでコメント、提案、質問を記入します。
④ 教員がシートを読み、必要な場合は内容を明確にするコメントを書いたり、質問に答えたりします。
⑤ 書き手にシートを返します。

表19　グループ活動の振り返りシート

・本日の目標 〈授業で提示された目標〉 〈自分なりの目標〉	
・本日の振り返り 〈本日の努力度（どんな活動を行ったか、どのぐらい頑張ったか）〉 〈本日の達成度（何を学んだか、当初の目標と比較してどのぐらいできたか）〉 〈よかった点、改善点、今後の目標など〉	・コメント欄
・教員コメント欄（学生は記入しないでください）	

出所　徳島大学（2016）、p. 55を参考に作成

4.3　共同で知識を整理する

　授業中に扱う重要な情報を体系的に理解してもらいたいとき、ラウンドテーブルと呼ばれる技法が効果的です。これは、与えられた問いやテーマに対する回答を語句や短い文章で書き、それを次の人に回して繰り返す技法です（バークレイほか 2009）。専門基礎科目のような、学生が大学で初めて学ぶ内容を扱う授業で広く使えます。

　具体的には、次の手順で進めます。

① 4人程度でグループをつくり、テーマや質問を示します。
② グループの中ではじめに回答する人を決め、時計回りに回すよう指示します。
③ 最初の学生に回答を書いてもらい、書き終えたらその内容を他の学

生に口頭で伝えます。これは他の学生に対して、異なる観点から自分の回答を考えることを促します。

④ 次の学生が同様に回答を書き、内容を他の学生に口頭で伝えます。

ラウンドテーブルは、学生が自分自身の理解度を確認できるとともに、グループで考えると思った以上に多くの知識があることに気づくことができる技法です。また、全員が回答した後で結果をクラス全体に発表すると、クラス全体での議論を活性化することもできます。

10章

実技や実習を評価する

1 実技・実習科目の特徴を理解する

1.1 統合的な学習成果を評価する

　専門分野によっては、実技や実習を通して専門的な知識やスキルを身につける授業があります。たとえば、医療従事者、教員、司書などの専門職養成のカリキュラムにおける実習や、工学における工場実習、農学における農場実習など、多くの実習科目が配置されています。また、運動や芸術の分野では実技試験で目標到達度を測る科目が多くあります。

　実技や実習の評価では技能の評価に重点が置かれると考えられがちですが、こうした科目では領域横断的で統合的な学習成果を評価することが可能です。すなわち、知識、技能、態度を組み合わせ、専門家として行動できるかどうかを評価します（オーマンとゲイバーソン 2001）。そのため、実技や実習科目は高学年次に配置される傾向があります。

1.2 複数の観点で評価を行う

　統合的な学習成果を評価する際、評価の観点は複数になります。たとえば、教育実習の場合は、教師のあり方、実践的な指導力、学級経営力のように異なる領域に関する能力を評価します（宮下 2015）。それぞれの領域には、教養、対人関係力、法令遵守態度など、知識、技能、態度を含んだ評価観点が定められています。

　複数の観点で評価を行う際は、表20のように評価観点を俯瞰できるチェックリストを用意しておきましょう。臨床実習や教育実習のような必修の実習では、こうした評価基準のチェックリストが学内外で共有されています。

表20　教育実習の成績評価票の例

評価項目		評価の観点		評定
【領域①】教師の在り方	(1)	使命感と豊かな人間性と教師として必要な教養	①子供一人一人の実態や状況を把握し、子供のよさや可能性を引き出し伸ばすために、子供と積極的にかかわっている ②小学校教師に求められる常識を身に付けている	
	(2)	コミュニケーション能力と対人関係力	①管理職をはじめとする、教職員とコミュニケーションを積極的に図ることができる能力を身に付けている。 ②児童と適切な言葉遣いや話しやすい態度で接することができる	
	(3)	学校組織の一員としての役割と服務の厳正	①学級担当の職務内容や校務分掌について理解し、管理職等に必要な報告、連絡等を適切に行うことができる ②法令を遵守する態度を身に付けている	
【領域②】実践的な指導力	(4)	学習指導要領の理解と授業づくり	①学習指導要領の各教科等の目標や内容を踏まえて学習指導案を工夫している ②授業準備のための教材研究・教材解釈ができ、児童の実態に即した授業づくりを実践している	
	(5)	単元指導計画の作成と指導方法・指導技術	①単元指導計画に基づき、実践する授業の指導目標と指導内容、評価規準、指導観等を踏まえた学習指導案を作成することができる ②授業の場面において児童の実態と教科の特性に応じた指導方法や指導技術(発問、板書、説明等)を身に付けている	
	(6)	児童の学習状況の把握と授業改善	①学習指導における評価の意義について理解し、授業中の児童の学習状況の把握や個別指導等を工夫することができる ②授業研究後に授業を振り返り、課題を整理し授業改善を進んで実践している	
	(7)	特別支援教育とキャリア教育	①通常の学級に在籍する、支援を要する児童へ積極的にかかわり、指導している ②児童に将来を考えさせたり、自己の可能性を見出させるために授業を工夫したり児童に積極的にかかわっている	
【領域③】学級経営	(8)	学級経営と集団の把握・生活指導	①学級の規範づくりや教室の環境構成、清掃指導、給食指導等を積極的に行っている ②状況に応じて適時に的確な判断を行い、教師として毅然とした態度をとり、適切にほめたり、叱ったりすることができる	
	(9)	児童理解と教育相談・保護者との連携	①カウンセリングマインドや教育相談の基本的な技法を踏まえて児童に接している ②保護者や地域住民等と連携して、学校の教育力を高めていることを理解している。	
総合評定				

出所　宮下 (2015)、p.115

1.3 評価者と成績判定者が異なる

実習科目において評価基準のチェックリストが重要な理由の一つに、評価者と成績判定者が異なることがあります。たとえば、事前指導、実習、事後指導の三つの単元で構成される教育実習を考えてみます。実習中の到達度評価は、実習先の指導教員がチェックリストに基づいて評価を行います。その結果に基づいて、教育実習の担当教員は、事前指導、実習、事後指導を含めた成績評価を行います。実習中の評価基準を複数の評価者間で一致させるには、チェックリストが不可欠です。

1.4 目標によって評価の重点が異なる

実技や実習科目では、さまざまな水準の目標を扱います。医療従事者や教員など専門職を養成する科目では、複数の観点で目標を設定する場合が多くあります。一方で、教養教育における音楽や体育などの科目では、技能獲得は必ずしも重要な目標ではなく、「スポーツの楽しさを享受する能力を高め、健康的なライフスタイルを形成する態度を身につける」のような態度目標の方が重要になる場合があります。この場合、受講前と受講後の個人内の意識変容度を自己評価させたり、「積極的に身につけようとしている」「他の学生と協力した」「授業に貢献した」などの観点を設けて教員が観察評価します（金谷ほか 2007）。

1.5 複数教員間で同一科目の評価を行う

実技や実習は、同一科目を担当する複数の教員間で、同じ評価基準を用いる場面が多くあります。医療従事者を養成するカリキュラムでは、実習や実技試験において国レベルで到達すべき標準的な水準が定められています。そのため、すべての教員がこの共通の評価基準を共有している必要があります。

また、教養教育における体育のように共通の到達目標のもとで異なる内容を教える科目もあります。たとえば、「生涯スポーツ論（講義）」「スポーツ実技」「健康・体力づくり実技」の三つの領域で共通の到達目標が設定されていながら、各教員はテニスやゴルフなど異なる内容を教える場合です。この場合も、同一科目を担当する教員間で共通の目標や評価水準について相互に確認し、共通理解を形成しておく必要があります。

2 観察で評価する

2.1 観察による評価の特徴

　自動車の運転免許試験では、受験者の運転を評価者が隣で観察して実技能力を評価します。実技や実習も同様に、与えられた課題を指定された状況で実際に行うパフォーマンス型の課題です。

　観察による評価では、学習目標に対応した具体的な発言・行動・技能を列挙し、それらが実際に行われたかどうかを観察して評価します。表21は、評価する対象の能力に応じて、よく使われる観察の方法をまとめたものです。これらのうち、技能観察は、最終的な学習成果を評価する際によく使われる点が特徴です。一方、発言や行動の観察は、1回限りの評価ではなく、授業期間を通して観察しながら評価する点が特徴です。

　評価対象の行動を列挙したチェックリストを作成しておくと、教員だけでなくティーチング・アシスタント (TA) や学生など教員以外の人が評価することも可能です。学生がチェックリストに沿って他の学生を評価する経験は、実技や行動をうまく行うために、自分の技能や態度をどのように改善すればよいかを理解する機会になります。

2.2 チェックリストを作成する

　評価の観点は、チェックリストを作成して提示します。科目によっては外部試験で用いられるチェックリストや、標準的なチェックリストとして確立されたものがあるため、それらを参照して作成することができます。

　「着用する」「設定する」「接続する」などの行動ができたか否かが明確にわかる項目であれば、リストに「✓」を書き込む形式で作成できます。「○○の基本的な技法を用いて接する」「状況に応じて適切に判断する」などの高度な行動であれば、ルーブリックのように「優れている」「十分行える」

表21　観察による評価

	発言観察	行動観察	技能観察
知識・理解	○		
思考・判断	○	○	
技能			○
関心・意欲・態度		○	

10章　実技や実習を評価する

「改善が必要」などの段階ごとにチェックすることもできます。

2.3　関心・意欲・態度を評価する

　観察による評価は、筆記試験やレポート課題では評価しにくい、関心・意欲・態度領域の評価において特に重要な役割を果たします（辰野 2010）。関心・意欲・態度を評価する観点には、表22のようなものがあります。それぞれに担当科目が扱う具体的な行動を入れることで、行動目標にすることができます。

　これらの行動目標は、「対象者の発言に疑問をもつことができる」「自分の学習状況を把握して必要に応じて注意する」のようなメタ認知能力に関わる目標であることが特徴です。学生自らが高い学習目標へ到達することを評価できるように設定しましょう。

　観察による評価では、表面に現れた行動だけを見るのではなく、行動の

表22　関心・意欲・態度の評価の観点と評価の方法

	よく行う	ときどき行う	ほとんど行わない
〜に気づく	✓		
〜に疑問をもつ		✓	
〜に好奇心をもつ			✓
〜に注意する			
〜について観察する			
〜について質問する			
〜について調べる			
〜について好意をもつ			
〜の価値を認める			
〜を楽しんでやる			
〜を自分から進んでする			
〜について目標を高くもつ			
〜を我慢してでもやる			
〜を最後までやる			
〜を実践し、応用する			

出所　辰野（2010）、pp. 82-83を参考に作成

121

背後にある見えない部分まで観察することが求められます。単に指示されたから取り組む行動や、本心では納得していないが仕方なく取り組む行動は、表面的な行動を観察するだけでは正しく評価できません。学生の表情をよく観察したり、実習中だけでなく実習前後の行動や準備活動にも目を配るようにしましょう。ただし、見えないものを完全に評価することはできないと考えた方がよいでしょう。

2.4 観察時の認知バイアスを知る

　観察による評価では、人間のもつ認知バイアスで評価が偏る場合があります。たとえば、筆記試験での成績がよかった学生について、実習でも高く評価したり、高い意欲があると評価することがあります。逆に、遅刻や欠席が多い学生について、過度に低く評価することがあります。こうした認知バイアスを、ハロー効果と呼びます。

　また、教員自身が望ましいと考える側面は、より肯定的に評価される傾向もあります。たとえば、「困難な課題に我慢強く取り組む」と「自ら進んで取り組む」という行動のうち、前者を特に望ましいと考える教員はそうした行動を高く評価し、後者の行動を同等に評価できない傾向があります。教員のこうした認知バイアスを寛大効果と呼びます。

　ルーブリックの活用やTAや学生に評価者になってもらうことで、認知バイアスを避けることができます。

3　振り返りと自己評価を促す

3.1 振り返りが重要

　実技や実習を通した学習においては、知識や技能の獲得にとどまらず、課題に取り組むプロセスも重視されます。プロセスを振り返ることで、知識や技能の効果的な活用方法を言語化し、知識や技能を応用や統合レベルに発展させたり、生涯を通して学ぶ方法を身につけられるためです。実技や実習を評価する際には、こうした振り返りを促す評価を検討しましょう。

　振り返りの設計にあたっては、図10で示されている経験学習モデルが参考になります。経験学習は、具体的な経験から抽象的な概念にまとめるプロセスを示したものです。実技や実習を単に経験するだけでは、意味の

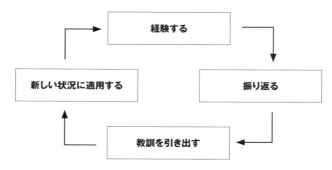

図10　経験学習モデル（出所　Kolb 1984、p. 21を参考に作成）

ある知識や教訓を学んだり、課題に取り組む新しい方法に気づくことはできません。具体的な経験から抽象的な概念を取り出すプロセスにおいては、振り返りが重要な役割を果たします。

3.2　記録を作成する

　一般に、実技・実習に関する記録の作成は、振り返りの促進に効果的です。教育実習や臨床実習のような長期間の実習では、実習記録を作成するための指定様式があります。指定された様式がない場合は、教員が準備して学生に活用してもらいます。

　学習の経験を記録する項目には、次のようなものがあります。

- 学習目標：当日の目標として、指導者から示された目標を記録する。
- 学習内容：実際に取り組んだ実習内容を記録する。終日の実習では時系列で記録する。
- 観察したことや経験したこと(事実の記録)：目標に関する事項で観察・経験したことや改善が必要なことを記録する。
- 感想や反省(主観的記録)：観察や経験したことについて感じたことや気づいたことを記録する。また、問題点や今後の課題も記録する。

　図11は、こうした項目を取り入れた活動記録様式の例です。実習現場でも手早く書き込めるよう、1枚の紙にまとめられています。

日々の活動日誌

_____年_____月_____日　　　　　　　　　氏名 _____

今日新しく経験したこと、気づいたこと	今日うまくいかなかったこと、失敗したこと
今の気持ち、感想	今後学びたい内容、願望

図11　実技・実習用の活動記録の例

3.3　プロセスレコードを作成する

　教育実習や臨床実習のような対人関係を伴う実習では、日誌のような記録に加えて、実習対象者とのやりとりを記録する必要があります。これをプロセスレコードと呼びます。プロセスレコードは、実習者と対象者とのコミュニケーションを記録するもので、次のような項目を時系列で記録します。

- ・対象者の反応：児童・生徒や患者など、対象者が発した言葉や示した態度などを記録します。
- ・実習者の反応：対象者の反応に対して実習者が発した言葉や示した態度などを記録します。
- ・実習者が感じたこと・考えたこと：対象者の反応や実習者の反応について、なぜそれらが起こったのか、どのようにしてそれらが起こったのかについて、考えられる原因や背景を記録します。

　プロセスレコードは、対人サービスにおいてうまく対応できなかった経験から、どのようにすれば適切な対応ができるのかを考えるための手がか

りを与えてくれます。プロセスレコードがないと、あいまいな記憶に頼ってしまうため、あいまいな振り返りしかできません。一方で、実習の前にプロセスレコードを書く練習をしておかないと、学生はプロセスレコードをうまく書くことができません。

3.4　振り返りは自己評価を促す

　自己評価は、重要な学習評価の方法の一つです。また、自己評価を通して自らの学習を修正したり発展させたりすることができる自律的学習者の育成は、大学教育の重要な目的の一つです。そのため、実技や実習では、自己評価の機会を設けるとよいでしょう。

　振り返りは、実技や実習で取り組んだ課題がうまくできたかどうかを、自分自身でモニターし、調整するために行います（ジマーマンとシャンク2014）。振り返りでは、課題にうまく取り組めなかった理由を、自分の能力や努力が足りなかったためと考えると、学生はその後の学習に意欲的に取り組めません。振り返りは、自分の学習の長所や短所を理解し、今後の学習をどのように改善すればよいかを考えるメタ認知を促します（Moon 2004）。メタ認知は自己評価の重要な要素です。学生が自己評価の力を伸ばせるよう、振り返りの機会を多く設けるようにしましょう。

3.5　自己評価に使う素材を明示する

　学生が振り返りを行った後は、自己評価をさせます。自己評価は、重要な学習評価の方法の一つです。自己評価を効果的に行うには、何らかの素材が必要です。自己評価において特に重要な素材には、①経験の記録、②教員・指導者・専門家からのフィードバック、③レポートや発表資料などの成果物の三つがあります。

　第1に、実習記録やプロセスレコードは、自己評価の素材として活用することができます。これらはもともと記録を目的にしていますが、個々の記録を集積することで、獲得した知識や技能、経験から得た教訓などを示す根拠資料にすることができます。

　第2に、学生の振り返りに加えて、教員・指導者・専門家からのフィードバックがあれば、学生はより自信をもって自己評価に取り組むことができます。フィードバックは、実習記録やプロセスレコードに書き込むなど、文書に残る形で示せるとよいでしょう。対象の学生が多い場合は、現場の指導者、他の教員、TAなどの協力を得て個別にフィードバックします。

第3に、成果物があれば、自分の学習プロセスの成否を成果物の視点か
らも評価することができます。これは成果物を評価する観点を使って自
己評価する段階と、その結果をふまえてどのような学習がうまくいったの
か、うまくいかなかったのかを特定し、次の行動に活かす2段階で自己評
価を行います。

4　実技・実習評価のさまざまな取り組み

4.1　評価のための基準をつくる

　医療系の職業資格の取得に直結する授業や、職業的な技術の習得が目標
となる分野においては、学習した内容を実際の現場で用いながら体験を行
うことで、実際に技術が身についたかどうかを評価します。たとえば、教員
養成課程での教職免許の資格要件となる小・中学校や高校における教育実
習は、通常3年次後期頃に2～4週間実施されています。教育実習は、大学
側の評価と実習校側の評価の二つの立場から行われ、それらの評価を合わ
せたものが学生の評価になります。大学側の評価の観点としては、教育実
習生としての基本的な構えと服務態度、教育実習期間の学生の取り組み、
指導案の作成や学校との連絡調整、実習レポートなどがあげられます。

　他方、学生の受け入れ先である実習校では、「教員として求められる使命
感や責任感、教育的愛情等に関する事項」「教員として求められる社会性や
対人関係能力に関する事項」「教員として求められる子ども理解や学級経
営等に関する事項」「教員として求められる教科等の指導力に関する事項」
などの観点に基づき、指導教諭が評価を行います（上越教育大学 2015）。この
指導教諭の評価に対して、管理職である校長が承認を与え、大学側に評価
を伝えることになります。

　実習校での評価の課題として、評価基準が統一化されていないこと、指
導教諭がもつ教育観に左右され主観的になってしまうことなどが指摘さ
れています（小林 2005）。評価基準については、ルーブリックによって示す
ことで統一化を図ることができます。評価の際には、どのような根拠に
よって判断したのかも提示することで、実習生が今後どの点を改善すれば
よいのかに気づかせることができます。

形成的評価を用いた臨床実習の評価

事例 藍野大学医療保健学部理学療法学科では、医学・歯学教育において、総合的臨床能力・態度・倫理・安全管理の育成を充実させるために広く実施されている「客観的臨床能力試験 (OSCE)」の理学療法版を2007年度に作成し、それを学生自身によるリフレクションのための方法として活用する「OSCEリフレクション法 (OSCE-R)」を開発しました。

OSCE-Rでは、各試験会場に模擬患者1名を配置し、評価者2名 (教員) の評価のもと、学生が医療面接、各種検査測定などの実技試験を実施します。その試験の様子をビデオカメラで撮影し、医療従事者としての適切な態度や振る舞い、臨床能力・態度・倫理・安全管理についてリフレクションを行い、問題点と改善方法を考えます。リフレクションはグループワーク形式で行われ、上級生がファシリテーターとして入ります。ビデオを参照しながら、教員によるデモンストレーションや上級生のアドバイスをもとに「プロセスレコード」と「リフレクション・シート」を記入します。そして、自分たちの態度・技術などを振り返り、評価表を作成します。リフレクション後、1週間の自由練習を行い、第2回の実技試験を実施し、再度リフレクションを行います。本書第4部に理学療法版OSCE-Rの課題と評価表 (一部抜粋) を掲載しています (178ページ)。

こうした評価活動により、①学生の主体的な学び (授業への集中力の向上)、②臨床技能の向上、③他者から見た自分の問題点やその解決方法の検討、④学ぶことの社会的意味の理解、⑤学びの日常生活場面への拡大、といった成果が報告されています。

(平山ほか 2012参照)

4.2 口述と面接で評価する

語学、体育、芸術系、医療系の授業では、知識・理解だけでなく、それらをもとに身体的動作ができるようになることが目標になります。語学の場合は、読む・聞く・書く・話すことができるか、医学・看護学においては、適切に医療技術を用いたり対人援助ができるか、芸術の場合は描画や演奏などができるか、体育の場合は特定の身体的動作ができるかが、評価の対象となります。身体的動作ができるようになるということには、その動作の意

義の理解を含む場合があります。

　たとえば、看護の分野で対人的な技術を行えるかを評価する際には、単に技術を問題なく実施できるかどうかだけでなく、その技術を行う意義を理解しているかどうかもポイントになります。その技術を行う意義を理解していなければ、患者に説明ができなかったり、後輩指導ができなかったりします。

　学生が授業で技術を身につけたかどうかを判断するためには、テストの時間を設けて、評価観点と評価基準に基づいたチェックリストやルーブリックを用い、一人ひとりの動作を観察します。その観点には、技能領域だけでなく、認知領域や情意領域まで、授業で評価の対象となり得るすべてを含めることができます。学生自身が自己の能力を正確に診断できるよう、自己評価を行う時間を設けるとよいでしょう。

複数の評価方法を組み合わせた看護技術の評価

事例　看護分野の実技科目では、看護技術や援助技術の習得が学習目標の一つとなります。援助技術としては、バイタルサインの測定や食事介助などのさまざまな技術の習得が求められます。これらの技術を評価する際、その評価の対象となるのは観察の技術です。

　熊本保健科学大学においては、教員は実技のチェック表を事前に作成し、学生に練習させた後で実技を評価しています。学生たちを複数の教員で分担して評価する際に、チェック表を共有しておくことでブレのない判断ができます。また、学生が実技の習得をする際の教育上の意図として、「バイタルサイン測定の意義および結果の意味に対する理解」、「援助技術の根底となる看護観育成への導入」を目指しているように、実技試験においては、単に動作が問題ないかどうかをチェックするだけではありません。知識として学んだ看護技術・援助技術を、実践の場で活かしながら行動することができているか、その意義が理解できているかについては、実技試験だけからではわかりません。これらを、行った実技について振り返りを書かせたり自己評価をさせたりすることで、理解度を把握する取り組みが行われています。

　このように、行為以外の側面にも気を配ることが実技の評価では重要です。

（西谷と岩瀬 2007参照）

11章

ルーブリックを活用して評価する

1　ルーブリックによる評価

1.1　ルーブリックとは何か

　ルーブリックとは、具体的な学習目標を示す観点と学習目標の到達度を数レベルで示す尺度およびそれぞれの特徴を示す記述語で構成され、それらを表形式で表した評価基準表を指します。学習活動のプロセスや成果物に含まれる思考力や表現力、理解の深さや質を捉えたいときや、実験・実習・実技を通して行動を観察し、そこに表れるさまざまな能力を捉えたいときに、ルーブリックは最適なツールです。ルーブリックを用いて、授業での課題（レポート、論文、実験、実習、実演・実技、プレゼンテーション、作品など）におけるパフォーマンスの質を評価することができます。

　ルーブリックは、評価の観点を縦軸に、評価の尺度を高から低の順になるよう横軸にとることが一般的です（表23）。ルーブリックを作成すること

表23　ルーブリックの構造

観点	尺度4	尺度3	尺度2	尺度1
観点1	観点1、尺度4の説明を記述	観点1、尺度3の説明を記述	観点1、尺度2の説明を記述	観点1、尺度1の説明を記述
観点2	観点2、尺度4の説明を記述	観点2、尺度3の説明を記述	観点2、尺度2の説明を記述	観点2、尺度1の説明を記述
観点3	観点3、尺度4の説明を記述	観点3、尺度3の説明を記述	観点3、尺度2の説明を記述	観点3、尺度1の説明を記述
観点4	観点4、尺度4の説明を記述	観点4、尺度3の説明を記述	観点4、尺度2の説明を記述	観点4、尺度1の説明を記述

で、授業全体や一つひとつの課題において、何を評価するのか、どのような
レベルのパフォーマンスを求めるのかを明確にすることができます。ま
た、初回の授業や課題提示の際にルーブリックを配付し、事前に説明して
おくことで、学生に評価の基準を理解させ、よりよいパフォーマンスを促
すことができます。

　ルーブリックを用いて課題の採点を行う場合には、観点ごとに学生の
パフォーマンスを該当する尺度(通常3～5段階)に位置づけます。形成的評
価として用いる際には、評価の尺度を示す評語(「期待通りです」「まずまずです」
「努力しましょう」など)を工夫することで、学生の意欲向上につなげることが
できます(表24)。総括的評価として用いる際には、各観点の重み付けを行
い、各尺度に点数(3段階であれば3～1もしくは2～0)を付加することで、学生
のパフォーマンスの総体を数値化することができます。

表24　専門分野の早期体験 ルーブリック評価表

観点	尺度		
	(A)期待通りです	**(B)まずまずです**	**(C)努力しましょう**
①事前学習	体験学習に関連する情報について十分に収集し理解した。	体験学習に関連する情報について収集したが、不足している点、または理解が十分ではない点があった。	体験学習に関連する事前情報を全く調べなかった。
②体験学習中の行動	1回以上質問する、先頭に立って作業に加わる、疑問点や気づきをメモする、など積極的に体験した。	マナーを守っているが、質問せず、先頭に立って作業に加わったり、疑問点や気づきをメモする、などをせず受動的だった。	挨拶しない、遅刻する、寝る、無駄なおしゃべりをする、体験と関係なくスマホや携帯端末を触る、の1つ以上があった。
③体験学習後の気づき	体験学習を通して得られた気づきを、事前学習で学んだ内容と十分に関連づけて説明(発表、記述)することができた。	体験学習を通して得られた気づきを、事前学習で学んだ内容と関連づけて説明(発表、記述)しようとはしたが、関連づけが弱かった。	体験学習についてのみ説明(発表、記述)し、事前学習と関連づいた気づきがなかった。
④専門分野への理解	体験学習によって、自分の専門分野について理解し、大学において学習しなければならないことが見えた。	体験学習によって、自分の専門分野について理解した。	体験学習によって、自分の専門分野についての理解が得られなかった。

出所　徳島大学(2016)、p. 17を参考に作成

1.2 チェックリストを発展させる

　ルーブリックを活用する前に、チェックリストの活用から始める方法があります。たとえば、提出前のレポート確認や、学生同士のグループ学習でメンバーの貢献度を評価する場合などは、簡易なチェックリストを使

表25　レポートを評価するためのチェックリスト

□ 表紙にタイトル、学籍番号、氏名が記されている。
□ 主張、根拠、結論が明確に述べられている。
□ 引用・要約が適切になされている。
□ 既定の分量が守られている。
□ 誤字脱字がない。
□ 参照文献リストが記載されている。

表26　情報リテラシー課題を評価するための評定尺度式チェックリスト

	優	大変よい	十分	ほぼ十分	不十分	該当せず
	(A)	(B)	(C)	(D)	(F)	
1. 情報源を特定し、探し出し、アクセスしている。	□	□	□	□	□	□
2. 合法性、妥当性、適切性を含め、情報を批判的に評価している。	□	□	□	□	□	□
3. 情報をまとめ、関係資料によって論理的に裏付けられた適正な意見を発表している。	□	□	□	□	□	□
4. 情報を駆使して質問に答え、問題を解決している。	□	□	□	□	□	□
5. 情報と意図を明確に示している。	□	□	□	□	□	□
6. ITを利用し、情報の伝達・管理・処理を行っている。	□	□	□	□	□	□
7. ITを利用して問題を解決している。	□	□	□	□	□	□
8. 他者の研究成果を正確に、かつ道徳的に利用している。	□	□	□	□	□	□
9. この課題につける評定は何か。	□	□	□	□	□	□
10.　この学生の最終的な成績を本日決定しなければならない場合、どのような評点をつけるか。	□	□	□	□	□	□

出所　サスキー (2015)、p. 145を参考に作成

用する方が効率的です（表25）。また、チェックリストを拡張した、評定尺度
型ルーブリックも必要に応じて用いることができます（表26）。こうした
チェックリストを作成しておくと、ルーブリックの準備がスムーズになり
ます。

　評定尺度型チェックリストは、短時間で作成できるというメリットがあ
る半面、評価基準を読み取ることができないため、複数の教員で評価する
場合には一貫性が保てない恐れがあります。また、評価基準が記述されて
ないため、学生に意味あるフィードバックを与えることができないという
デメリットもあります。

1.3　ルーブリックを用いるメリット

　ルーブリックを用いて学生のパフォーマンスを評価するメリットには、
次の三つがあります（サスキー 2015、スティーブンスとレビ 2014）。

1 ｜ 信頼性・妥当性のある評価ができる

　作成したルーブリックの観点や基準に照らした評価を行うことで、信頼
性・妥当性のある評価が可能になります。ルーブリックを用いず評価する
場合には、同じ学生の課題の評価結果が採点者によって異なるということ
が生じます。また、多人数の学生の課題を1人の教員が評価する場合には、
最初に評価した課題と最後に評価した課題で、基準がブレることも起こり
得ます。ルーブリックはこうした問題を防ぐのに効果的です。

2 ｜ 学生へのフィードバックを容易に行うことができる

　ルーブリックの表に具体的な記述があるため、学生のパフォーマンスに
即した箇所を丸で囲むだけで、どの観点が達成できており、どの観点が向
上の必要があるかを容易に伝えることが可能です。特に多人数授業の場合
は、学生の課題に一つひとつコメントを付すと負荷がかかるので、ルーブ
リックのメリットを感じることができるでしょう。

3 ｜ 学生の意欲を向上させることができる

　ルーブリックによって、学生に、何が評価されるのかということと同時
に、よりよいパフォーマンスがどのようなものであるかを伝えることがで
きます。学生と評価観点や基準を共有することで、学生の意欲を向上させ
ることができます。

他方、ルーブリックのデメリットとして、学生がルーブリックに示された観点にのみ焦点を当てることで、ルーブリックを用いなければ伸びていたかもしれない能力の伸びが阻害されることが指摘されています（サスキー 2015）。また、ルーブリックは学生へのフィードバックを少ない労力で可能にしますが、内容に即した個別コメントを期待する学生もいます。ルーブリックによる評価は万能ではないので、授業への導入の際にはメリット・デメリットに留意して用いるようにしましょう。

1.4　ルーブリックの教育的意義

上述したメリットに加えて、ルーブリックを用いることによる教育的意義には、次の三つがあります（Huba & Freed 2000）。

1｜学生が自分の成果を向上、判断、修正するための指標を提供する

教員が提示したルーブリックを使って、学生は自分の成果物が、評価観点のどの水準にあるのかを判断し、作成中の成果物に修正を加えていくことができます。自発的にこのようなプロセスをふんで自己評価力を発達させていく学生もいますが、学生全員に促すためには、ルーブリックに基づいた自己評価を課しましょう。その際、メタ認知能力を高める効果があることを伝えておきましょう。

2｜作成に学生を関与させることで、学習の主体者である実感を与える

1からルーブリックを学生と作るのは効率的ではないかもしれませんが、ルーブリックの作成に少しでも学生を関与させることで、学生に学習の主体者であるという実感をもたせることができます。過去の学生が提出した課題を学生に提示し、よい課題と十分ではない課題に区別させ、その特徴を述べさせることによって、追加すべき評価の観点が増えるかもしれません。この方法で気をつけるべき点は、自分の提出物が他者に参照されるということについて学生に了承を得ておく必要があるということです。

3｜学生にさまざまな立場の人からのフィードバックを与える

ルーブリックによってフィードバックが容易になるため、教員だけでなく、体験学習の受け入れ先や企業の担当者などからのフィードバックを依頼しやすくなります。学生は、さまざまな立場から異なる評価を得ることで、多様な視点があることに気づくことができます。

2 ルーブリックを作成する

2.1 ルーブリック作成の手順

　初めてルーブリックを作成する際は、既存のルーブリックを参考にすることで、少ない労力で作成できます。既存のルーブリックのなかでも、最も参考になるのは職場の同僚が作成したものです。また、職場の同僚が使うルーブリックを入手する以外にも、多くのルーブリックがオンライン上で公開されています。モデルとなるルーブリックが見当たらない場合は、①目標や課題の振り返り、②リストの作成、③グループ化と見出し付け、④表の作成、という順に作成します（スティーブンスとレビ 2014）。以下では、この四つの段階ごとに説明します。

2.2 目標や課題の振り返り

　目標や課題の振り返りの段階では、授業を通して学生が到達する目標や過去に学生に課した課題で、学生に何を達成することを求めていたのかを振り返ります。これらを振り返ることで、どのようなルーブリックを作成するのかをイメージすることができます。振り返りの際には、次のような問いかけを行います。

- この課題を与えることで学生にどのような目標に到達してほしいのか
- この課題を行うことで学生に発揮させたいスキルは何か
- この課題を完成するために学生が行う必要があるのはどのような活動か
- この課題によって学生が目標に到達した場合、どのようにそれを示したらよいか
- 最も優れた課題はどのような特徴をもつか
- 最も評価の低い課題はどのような特徴をもつか

2.3 リストの作成

　リストの作成の段階では、学生に課す課題によって、学生がどのような学習目標を達成できるかを考えます。たとえば、レポートの書き方を学ぶ初年次のライティング科目においては、次のような学習目標のリストをあげることができます。

・体験学習を通して専門分野の学習に意欲的に取り組むことができる
・文章を書くための基本を理解し、表現できる
・プレゼンテーションの基本を理解し、発表できる
・チームで協働して課題に取り組むことができる
・自分の学習した内容を振り返り、今後の学習につなげることができる

　次に、それぞれの学習目標について、最も高いレベルを考えていきます。たとえば、「文章を書くための基本を理解し、表現できる」という学習目標の最高レベルを考えると、次のような10の行動をあげることができます。このように、学習目標ごとに、その最高レベルの行動を書き出していきます。

・主張が明確に述べられている
・主張の根拠付けに説得力がある
・段落や全体の構成が論理的に明快になされている
・段落や全体の構成が、内容に従って明快になされている
・誤字脱字、文法的誤りがない
・誤解を招く表現がない
・話し言葉で書かれた箇所がない
・参考文献・資料からの引用が適切である
・要約の仕方が適切である
・出典表示が明確になされている

2.4　グループ化と見出し付け

　グループ化と見出し付けの段階では、学習目標ごとにあげた最高レベルの行動を、類似のものが同じグループになるように分類していきます。学習目標「文章を書くための基本を理解し、表現できる」の例でみると、「主張が明確に述べられている」と「主張の根拠付けに説得力がある」は、両方とも「主張」に関連しているため、一つのグループにまとめることができます。その他のものについても同様に、性質の同じものが一緒のグループになるように分類していきます。そして、分類が終わったら、それぞれのグループごとにルーブリックの観点となる見出しを付けていきます（表27）。

表27　学習目標のグループ化と見出し付けの例
（初年次科目「文章を書くための基本を理解し表現できる」）

主張	・主張が明確に述べられている
	・主張の根拠付けに説得力がある
構成	・段落や全体の構成が論理的に明快になされている
	・段落や全体の構成が、内容に従って明快になされている
文章表現	・誤字脱字、文法的誤りがない
	・誤解を招く表現がない
	・話し言葉で書かれた箇所がない
出典表示等	・参考文献・資料からの引用が適切である
	・要約の仕方が適切である
	・出典表示が明確になされている

2.5　表の作成

　表の作成の段階では、前段階で付けた見出しを「評価観点」とします。一般的にルーブリックの評価の観点の数は四つ程度であり、多くても6～7個にとどめた方がよいといわれています（スティーブンスとレビ 2014）。尺度については、区別しすぎると評価が難しくなるため、少なくとも3段階に分け、多くても5段階までにするのが妥当といわれています（サスキー 2015）。初めて作成する場合は、まず3段階で作成し、実際に使用した後で、4段階、5段階に調整していくと負担が少ないでしょう。各尺度には、数字（4、3、2、1）やアルファベット（A、B、C、D、E）を表記することで、高低のレベルを示すことができますが、「評語」を付けるようにします。表28は、評語に用いる表現の例をまとめたものです。尺度ごとに適切な語を用いることで、課題の評価を学生に正確に伝えることだけでなく、学生の意欲を向上

表28　評語の例

優れている	よい	再学習が必要	−
期待通り	まずまず	努力が必要	−
模範的	標準	発展途上	−
期待以上	期待通り	まずまず	努力が必要
熟練している	非常に有能	かなり有能	まだ有能ではない

表29 文章力のルーブリック

観点	尺度		
	(A) 期待通りです	**(B) まずまずです**	**(C) 努力しましょう**
① 主張の根拠付け	主張が明確で、その根拠付けに説得力がある。	主張があまり明確でない。または、主張の根拠付けに不十分な点がある。	主張がない。または、主張の根拠付けがないか、不適切である。
② 構成の明快さ	段落や全体の構成が、内容や論理にしたがって明快になされている。	段落や全体の構成がある程度できているが、なお不十分な点がある。	段落や全体の構成に一貫性がなく、不明瞭である。
③ 文章表現の適切さ	誤字脱字、文法的誤り、誤解を招く表現、話し言葉など、不適切な文章表現がほとんどない。	誤字脱字、文法的誤り、誤解を招く表現、話し言葉など、不適切な文章表現が1000字（A4で1枚）当たり5件未満である。ただし、同一の誤りが複数あっても1と数える。	誤字脱字、文法的誤り、誤解を招く表現、話し言葉など、不適切な文章表現が1000字（A4で1枚）当たり5件以上ある。ただし、同一の誤りが複数あっても1と数える。
④ 出典表示など	参考文献・資料からの引用・要約の仕方が適切で、出典表示も明確になされている。	参考文献・資料の内容と自分の意見との区別や出典表示がなされているが、なお不十分な点がある。	参考文献・資料の内容と自分の意見との区別がなされていない。

出所　徳島大学（2016）、p.29

させることも大切です。

　次に、表29のように、学習目標の最高レベルを各観点の最も高い基準の記述として（A）列に配置します。そして、次に最も低いレベルを（C）列に記述します。評価（B）は、（A）と（C）の中間に位置する内容となるように記述します。これを観点ごとに記述していくことでルーブリックが完成します。作成したルーブリックは、まずは試行的に使用し、必要な修正を加えていきましょう。

3　ルーブリックを活用する

3.1　ルーブリックで採点する

　作成したルーブリックを使って、学生のレポートやプレゼンテーションなどのパフォーマンスを採点する場合には、表30のように、尺度部分に基準に応じた点数を明示します。それぞれの観点ごとに、どの水準に該当す

表30　課題レポートの採点のためのルーブリック

観点	尺度		
	(A)優れています　2点	(B)もう少しです　1点	(C)改善が必要です　0点
①自分の立場の明確化	動物実験の是非が問題となる背景もふまえて、自分の立場を述べている。	自分の立場が動物実験に賛成か反対のどちらであるか、明確に述べている。	動物実験に対する自分の立場について、賛成か反対のどちらも選んでいない（中立派）。
②自分の主張の根拠の説明	課題文中の提示している根拠を説明しつつ、それとは異なる根拠を、参考文献に基づき展開している。	課題文中の提示している根拠に基づき、自分の主張の根拠を述べている。	課題文中の提示している根拠を全く述べず、自分自身の考え（思いつき）のみを述べている。
③自分と対立する主張とその根拠の説明	課題文中の提示している根拠を説明しつつ、自分の主張と対立する立場とその根拠を、参考文献に基づき述べている。	課題文中の提示している根拠に基づき、自分の主張と対立する立場とその根拠を述べている。	課題文中の提示している根拠を全く述べず、自分自身の考え（思いつき）のみを述べている。
④対立する主張に対する反論	対立する主張に対して、課題文中の主張（反論）を用いつつ、それ以外の反論を参考文献に基づき述べている。	対立する主張に対して、課題文中の主張（反論）を用いつつ、反論を述べている。	課題文中の提示している主張（反論）を全く述べず、自分自身の考え（思いつき）のみで反論を述べている。
⑤結論の提示	自分の主張と展開した議論のまとめがはっきりと述べられている。加えて、自分の主張から生じる帰結が展望されている。	自分の主張と展開した議論のまとめがはっきりと述べられている。	本文中に述べられていなかった主張や根拠が新たに述べられている。

＊第4部 170ページ参照

るかを評価し丸を付け、各観点で得られた点数を合計することで、学生一人ひとりのパフォーマンスを数値化できます。また、より重要な観点に点数の重み付けをすることで、学生に最も重視してほしい観点を示し、評価することもできます。

　最初に作成したルーブリックがそのまま使用できることはほとんどなく、学生の課題の実情に合わせた改訂を行うことでよりよいものになります。実際、ルーブリックに基づいて採点を行う際に、記載していなかった新たな観点が必要であることや、採点の際に尺度を3段階よりも4段階にした方が正確な評価ができることなどに気づくことがあります。採点後には、ルーブリックとそれによって採点した学生の学習成果を対照し、作成したルーブリックによって学生の成果が適切に評価できたかを確認す

るとよいでしょう。さらに、ルーブリックを評価するための「メタ・ルーブリック」によって、作成したルーブリックを総合的に自己評価し、修正することもできます（177ページ参照）。

3.2 複数の教員で一つのルーブリックを使用する

　同一科目が複数開講され、それぞれ別の教員が担当する場合、あるいは同一クラスを複数の教員で担当する場合には、統一された評価基準を共有し、公平な評価を行う必要があります。ルーブリックは、評価基準を教員同士で共有するためのツールとして効果的です。複数教員で使用するルーブリックを作る際には、次の手順に沿って作成します（松下 2007）。

① 評価の観点と尺度、評価基準について共通理解を形成する
② 過去の提出物等を持ち寄るなどして、学生がどのようなレベルの成果物を提出しそうかを考える
③ ルーブリックの素案を作成する
④ 学生の過去の提出物等をルーブリック素案で各自採点してみる（各教員で用意したすべての提出物を採点し、評価を記録しておく）
⑤ 採点結果を共有し、各教員の評価が一致した提出物をそれぞれの観点、評価基準ごとに並べる
⑥ 各観点の評価基準の特徴を、⑤の提出物をもとに記述し、ルーブリックを完成させる

　複数教員で使用するルーブリックは、科目の主担当となる教員だけでも、科目を担当する教員全員で作成することができます。ただし、教員が協同で作成し、評価の観点や基準をすり合わせる作業を行った方が、授業や課題を通して学生に達成してほしい基準をより深いレベルで共有できます。協同で作成する時間の余裕がない場合は、ルーブリックの作成者が授業担当者に観点や基準を説明しておきます。また、評価結果についても共有することで、対象学生の能力を把握し、協同で授業改善に取り組むことができます。

12章

学習ポートフォリオで評価する

1 学習ポートフォリオが有効となる場面

1.1 学習ポートフォリオの特徴

学習ポートフォリオは、「学習において、自分はどのようなことに努力しているか、どこがどのように成長したか、何を達成したかなどについての証拠となるものを、目的、目標、規準と基準に照らして、系統的・継続的に収集したもの」(田中 2010) を意味します。ポートフォリオに蓄積された成果物に対して教員や実習先などの第三者、あるいは学生自身が評価を行うことをポートフォリオ評価法と呼びます。

学習ポートフォリオが学生の学習を促進するためには、「省察」「根拠資料」「メンタリング」の三つの要素が必要です (Zubizarreta 2009)。すなわち、単に根拠資料を集めただけではポートフォリオとして機能しません。蓄積した根拠資料に基づいて振り返りを行い、それを他者と共有することが必要になります。また、根拠資料を蓄積したり振り返りの過程で、教員からの適切なアドバイスが必要です。

1.2 学習ポートフォリオを用いるメリット

学習ポートフォリオは、パフォーマンス評価の方法の一つであり、知識の記憶や理解など正解のあるものとは異なり、思考力や態度、スキルを評価するのに適しています。どのような学習においても用いることができますが、特に有効なのは、思考力を育成する授業、統合やメタ認知のスキルを育成する授業、少数の学生が参加する授業などであるといわれています (サスキー 2015)。また、学習ポートフォリオの作成過程で自己評価能力を高めたり、教員や指導者との共同作業を通じて学習が動機づけられたり、主

体的な学びが促進されたりすることにもつながります。この点で学習ポートフォリオは「学習（指導）と評価」が一体の評価法であるといえます。

　しかし、学習ポートフォリオは、その管理においても、評価においても、他の方法より負担がかかる方法でもあります。導入に際しては、使用によって得られる効果が負担を上回るものであるか、授業の目的にとって適切であるか、学習ポートフォリオの作成によって学生が何を得られるのかを熟考することが肝要です。

1.3　ポートフォリオの種類

　ポートフォリオは、目的に応じて表31のような六つの類型があります（Stefani et al. 2007）。また、ポートフォリオには、紙媒体と、オンライン上で作成するeポートフォリオがあります。紙媒体では、成果物の長期にわたる保存や自在な編集に困難があるため、こうした問題を解消できるeポートフォリオの使用が好ましいといえます。所属機関でeポートフォリオシステムが導入されていれば、授業で活用できます。まずは学内の情報センターなどにアクセス方法も含めて確認してみましょう。

1.4　学習ポートフォリオの目的

　学習ポートフォリオには、学生の学びと成長の支援、授業やカリキュラムの改善、組織の教育評価と改善という三つの目的があります。

表31　ポートフォリオの6類型

類型	特徴
1. アセスメント・ポートフォリオ	スタンダードや期待、成果、目的との関係により、その達成具合を評価するもの
2. プレゼンテーション・ポートフォリオ	専門性の育成や個人的な学習成果や達成について表明するもの
3. 学習ポートフォリオ	学習プロセスにおいて、学習者が文書化したり、学習を振り返ったり、学習を誘導するもの
4. パーソナル・ディベロップメント・ポートフォリオ	専門性の育成や自己成長、就職活動に関連するもの
5. 共有ポートフォリオ	複数の所有者によって共有されるもの
6. ワーキング・ポートフォリオ	個人による学習と成長に関する複数のタイプのポートフォリオを組み合わせたもの

出所　Stefani et al.（2007）を参考に作成

141

1 | 学びと成長の振り返りの手段

学習ポートフォリオは、学生自身が自らの目標や学習状況、生活実態を蓄積・把握し、振り返りを通じて、今後の学生生活を設計したり、将来のキャリアを構想したりするなど、学生自身が学びと成長の足跡を意味づけ、統合する手段として用いられます。また、その過程で、情報収集・整理・分析能力、批判的・論理的思考力やメタ認知能力、自己調整・評価・管理能力、表現力やコミュニケーション能力といった能力の向上や学びの動機づけの向上、自己理解の深化などの効果が期待されます。

2 | 学習支援・指導の手段

学習ポートフォリオには、学生の履修・成績状況、教職、キャリア、ディプロマポリシーや学習成果の獲得状況など修学上のさまざまな指標を取り込むことで、これらの情報に基づいて教員が個々の学生の学習支援や指導に用いることができます。

3 | IR・教育改善の手段

eポートフォリオを用いることで、教務情報を含めさまざまな学生の個人データが蓄積できます。学生がどのように学び、成長しているのかを定性・定量双方のデータによって、年次ごとに把握することが可能になります。そうしたデータから教育改善に資する情報を抽出・分析し、具体的な改善策を講じることで、組織的な教育改善の推進に寄与することができます。その場合、学生にはそうした目的で利用することを、事前に説明しておく必要があります。

複数のポートフォリオで学習を評価・促進

事例 金沢工業大学では、2006年度より「KITポートフォリオシステム」を開発・運用しています（藤本2012）。学生は自己実現の目標を設定し、その目標を達成するための活動プロセスや成果を「KITポートフォリオシステム」に記録します。そして集積した記録をもとに目標への達成度を自己評価し、改善を図る活動計画を作成し、実行します。その目的として、学生が、自学自習の姿勢を身につけること、生活スタイルを確立すること、自己の目的指向を高めることの三つをあげています。その目的を実現するために、それぞれの状況に合わせて、①修学ポート

フォリオ、②キャリアポートフォリオ、③自己評価レポートポートフォリオ、④プロジェクトデザインポートフォリオ、⑤達成度評価ポートフォリオの五つを実践しています。

たとえば①の修学ポートフォリオは、入学直後から1年間実施される必修科目「修学基礎」と連動していて、その週の優先順位や達成度、行動履歴や満足したこと、努力したことなどを記録し、修学アドバイザー（クラス担任）に毎週提出します。修学アドバイザーはコメントを付けて返却するというやりとりを1年間行います。

また、⑤の達成度評価ポートフォリオは、1～3年次の各学年末に作成し、新学年の4月に全学年で実施される個人面談時に、修学アドバイザーが参照して、新年度の計画と方向性について学生と相互検証を行います。具体的な登録内容は、①今年度の目標と達成度の自己評価、②今年度の修学・生活状況において満足すべきことや反省すべきこと、一層発展させる方法や改善方法、③希望進路とその実現に向けて実際にとった行動・成果および展望、④「KIT人間力」で示された五つの能力についての、具体的な達成度自己評価、⑤次年度の目標とこれを達成するための行動予定、といったものになっています。いずれも50～200文字程度で簡潔に書くよう指定しています。

どの方法についても、メンター教員（修学アドバイザー）との面談を通じて、ポートフォリオの実質化が図られるよう設計されています。

（藤本2012参照）

2　学習ポートフォリオの設計

2.1　目的を明確にする

まず、何のために学習ポートフォリオを作るのかを明確にする必要があります。たとえば、①学生の学びと成長の振り返りの手段や、学生表彰など能力証明の根拠資料とする、②学生の学習支援・指導のための対話ツールとしての手段や、問題のある学生の早期発見など修学支援策の検討材料とする、③学習成果の検証や外部評価に対する説明資料、効果的な正課内外の活動の発見や授業改善のための根拠資料とする、などが考えられます。また、作成に際して、カリキュラムなど一定期間行われた複合的な学生の学習活動を総合的に捉えるために作成するのか（組織単位）、実験・実習や調

査活動など特定の科目の中での学生の学習活動を捉えるために作成するのか(個人単位)も検討します。

次に、学習ポートフォリオを用いて、評価する能力を明確にします。学習ポートフォリオは、筆記試験の結果とは異なり、学生が行うさまざまな活動の過程や、そこでの成果など質的な情報を多く含みます。組織が掲げるディプロマポリシーで示された能力や、それに対応した科目の学習成果目標を意識して設定します。

2.2　対象・内容を厳選する

目的を定めたら、何を学習ポートフォリオに含めるかを検討します。大きく、対象と内容に分かれます(横林ほか 2010)。対象には、正課教育(講義、実習、教職など)、準正課活動(留学、ボランティア、インターンシップなど)、正課外活動(部活、アルバイト、人間関係、生活習慣など)があります。

内容は、学習成果や学習プロセスを示す証拠、自己省察、メンターによる指導と評価の記録などが含まれます。これらを組み合わせて、学生に指示する際には、次のようなものが含められることを伝えましょう(鈴木 2010)。

- ・「ビジョン」と「ゴール」を書いた紙
- ・「行動計画」を書いた紙
- ・テーマに関係する情報、データ
- ・文献やインターネットからの資料やメモ
- ・現状から課題発見したメモ、写真
- ・アイディアや着想のメモ
- ・関係する新聞記事、雑誌の記事
- ・会った人の名刺、記録など
- ・プレゼンテーションの習作
- ・改善すべきことを書き出したもの
- ・自己評価、他者評価

2.3　実施形態を検討する

実施形態には大きく紙媒体とeポートフォリオの2通りがあります。対象範囲と活用の方法によってメリットとデメリットがあります。紙媒体は電子化しにくい資料や数値化しにくい素材も含め、さまざまな内容の情報

を含めることができ、学生の学びと成長をより豊かに捉えることに長けています。ただし、複数の科目や長期のプロジェクト、正課内外の活動など対象範囲が大きくなると、煩雑になり、精度が下がる恐れがあるため、科目レベルなど特定の学習活動で効果を発揮します。

　一方、eポートフォリオの場合、教員があらかじめ用意したプラットフォーム（LMSなど）の中にさまざまな情報を蓄積していくため、必要な情報を効果的に収集することや、他の教務情報などとも紐づけて多角的・多面的な比較可能性を高めることに長けています。ただし、入力文字数やファイル形式に制約のあるeポートフォリオの場合、紙媒体に比べると自由度は下がります。これは、科目レベルというよりも、カリキュラムや一定期間のプロジェクトなど、組織的な単位で実施したり、教学IRの一環としてデータを利活用したりする際に効果を発揮します。

2.4　実施体制を検討する

　目的、対象・内容、時期、方法と並行して検討すべきなのが実施体制です。学習ポートフォリオは、一度設定・構築されれば終わりというものではありません。実施する中でさまざまな問題が生じます。その最たるものが学生の入力頻度の維持です。特にeポートフォリオにおいて重大な課題です。

　eポートフォリオは、組織的に学生の学習成果を把握し、改善の方策を検討したり、学生の学びと成長を促進したりといった目的で導入されるケースが多いのですが、優れたシステムを構築しても学生が入力してくれなければ宝の持ち腐れです。多くの場合、新入生の入学時のオリエンテーションや1年次の必修科目（初年次教育やキャリア教育、情報教育など）を利用して、相当数の割合の学生に入力させることには成功するものの、学年が進むにつれて入力率は大幅に下がってしまいます。その理由は簡単で、学生にとって入力するメリットが感じられないからです。

　メリットを感じてもらうためには、学生に入力作業を課すだけではなく、それらに対して教職員がフィードバックを行うことが大切です。指導教員制度と対応づけて定期的な面談を実施したり、振り返りの機会を学年行事として設定したりといった方法が効果的です。学生の入力頻度を維持し、十全に機能させるためには、施設・設備などのハード面の構築に加え、制度・ルールなどのソフト面の整備や、運用上の諸問題の解決に継続的に取り組むことが求められます。

3　学習ポートフォリオの作成を支援する

3.1　作成目的を説明する

　学習ポートフォリオにはさまざまなメリットがある半面、目的や対象に
よって範囲や規模が異なります。学習ポートフォリオのもつ特徴を最大限
に活かすためには、実施時の丁寧な説明が不可欠です。

　実施時の説明は、学生が主な対象となります。ポートフォリオの重要な
要素は、自らの学習や経験を振り返ることです。ただし、多くの学生は振り
返ることに慣れていないとともに、その意味も十分に理解していません。
その状態のまま振り返りを行っても、学生の学習につながらず、その結果、
効果が出ない、あるいは高い効果が得られないことになります。学生に対
して、学習ポートフォリオを使用する際に、その目的や意義、必要性や効果
を説明することによって、ポートフォリオに対する学生の満足度が向上す
るといった指摘もあります（Duque & Finkelstein 2006）。

3.2　メンターの役割を明確にする

　「学習ポートフォリオの成功はメンターにかかっている」といわれてい
ます（Finlay et al. 1998）。学生が一方的に入力・蓄積するだけでは、十分な効
果は得られないどころか、すぐに形骸化し、入力されなくなります。メン
ターが、入力・蓄積された内容をふまえて、学生の振り返りを促進し、経験
からの学びを引き出し、次の課題を発見するサポートをすることが大切で
す。

　ここでいうメンターとは、学生の学びに直接関わる教員（担任や指導教員あ
るいはアカデミック・アドバイザーなど学習支援に関わる専門スタッフ）を指します。
時に専門家（カウンセラーや医師など）の助言・介入が必要な場合もあります。
そのため、メンターとして対応できる範囲を明確にしたうえで、学内にあ
る資源を活用することが大切です。メンターがポートフォリオを介して学
生の適切なサポートを行うためにも、メンターの役割を明確にするととも
に、ガイドラインの作成や研修会の実施などを行うことが必要です。

　学生が主体的に粘り強く学習ポートフォリオに関与し、効果を感じられ
るようになるためにも、メンターには学生のポートフォリオに理解と関心
をもって関与することが求められます。また、こういった活動は教員の負
荷を増やすことになります。とりわけ管理職には、メンターを担当する教
員の負担を軽減するための方策（重要な教育活動として業績評価に組み込む、担任

制を利用して負担を分散する、支援員を増やすなど)が期待されます。

3.3　検討会・振り返りの場を設定する

　学習ポートフォリオを成功させるもう一つのポイントが、検討会や振り返りの場の設定です。学生は、さまざまな領域・内容・時期にポートフォリオ上に必要事項を入力していきます。学年進行とともに蓄積される情報量は増えていきます。しかるべきタイミングで検討会や振り返りの場を設定し、自身のポートフォリオを整理し、振り返り、課題を見いだし、その後の学習活動に活かしていくことが必要です。その際、メンターとの面談はもちろん、学生同士で紹介し合ったり、先輩学生からコメントをもらったりすることも効果的です。ポートフォリオを持ち寄って相互に読みあったり、外部の有識者に対してポートフォリオをもとにプレゼンテーションを行ったりするのもよいでしょう。日時を指定する場合、できるだけ公的な性格をもたせる意味でも、年中公式行事に設定して、時間をかけて行うのが効果的です。

　なお、検討会や振り返りを行う際、ただ漠然と行うのではなく、より効果的なものにするためにあらかじめ様式を決めておくとよいでしょう。表32はその一つです (横林と藤沼 2007)。こうした様式を使うことで、単なる経験の記録にとどまらず、自身の経験を俯瞰したり、批判的に分析したりすることで、深い振り返りができるとともに自己評価能力が身につきます。また、他者に説明することによって、自身の強みや課題を発見したり、さまざまな経験に対して積極的に取り組む姿勢や動機づけを獲得したり、相互の自己開示を通じて他者との親密な関係を形成したりすることにもつながります。

3.4　学習ポートフォリオを評価する

　学習ポートフォリオを用いることによって学生個人のパフォーマンスや能力獲得のプロセスを評価できるようになったとはいえ、その評価方法自体はまだ十分に標準化されておらず、各教員が独自に行っている状況です (Tartwijk & Driessen 2009)。表33は、学習ポートフォリオの採点ルーブリックの例です。

　このようなルーブリックに基づいて教員が評価を行うほかにも、学生自身や学生同士、あるいは先輩学生による評価など、学生が相互に評価活動を行うといった方法も効果的です。大学によっては、「リフレクション・デ

表32　構造的な振り返りフォーマット

うまくいったこと (どんなことでもうまくいった部分は必ずある)	改善すべきこと (ここだけに議論を集中しない、犯人探しをしない)
感情的には (そのときの感情を見つめなおす)	Next Step――学びの課題 (この議論に時間をもっともかけるのがよい)

出所　横林と藤沼(2007)、p.36

イ」のように、1年間の活動成果を学習ポートフォリオにまとめ、それを持ち寄って共同で振り返りを行う機会を設定している事例も見られます。そうした機会に、学期の初期と期末の成果物を比較する形で、成長の度合いを評価することもできます(サスキー2015)。

　学習ポートフォリオによる評価は時間がかかるため、ポートフォリオに含める資料を少なく(A4判1枚程度に)したり、課題数を少なめに設定したりすることで、無理なく評価できます。

モデル・コア・カリキュラムの改訂と連動した臨床実習のポートフォリオ

事例　医学教育の分野では、卒前教育として実施されている従来の見学型、模擬診療型実習から、学生が診療チームに参加し、積極的に診療業務に参加する診療参加型臨床実習(米国でいうクリニカル・クラークシップ)への移行が検討・推奨されています。そうした流れと連動して、医療実践者として期待される総合的な能力を評価するためのポートフォリオ評価の枠組みが調査・検討され、「診療参加型臨床実習等における『経験と評価の記録』案(例示)」として提起されています(平成23年度先導的大学改革推進委託事業「医学・歯学教育の改善・充実に関する

表33　学習ポートフォリオの採点ルーブリック

項目 ＼ 評価基準	A+（60点）A（50点）	B+（40点）B（30点）	C（20点）	D（10点）
内容	ポートフォリオに要求されているすべての資料（指定図書課題など）が含まれている。	ポートフォリオに要求されているほとんどの資料（指定図書課題など）が含まれている。	ポートフォリオに要求されているいくつかの資料（指定図書課題など）が含まれている。	ポートフォリオに要求されている資料（指定図書課題など）がほとんど含まれていない。
証拠資料の選択	証拠資料が学生の進歩や到達目標（授業シラバスの3項目）のすべてを示している。	証拠資料が学生の進歩や到達目標（授業シラバスの3項目）の一部を示している。	証拠資料が学生の進歩や到達目標（授業シラバスの3項目）のわずかしか示されていない。	証拠資料がでたらめである。
構成	ポートフォリオが完全かつ緻密に構成され、事柄を容易に見つけることができる。	ポートフォリオが上手に構成されているが、事柄を見つけるのに少々困難である。	ポートフォリオがある程度上手に構成されているが、事柄を見つけるのに少々困難である。	ポートフォリオの構成が試みられているものの、事柄を見つけるのに困難である。
文体	スペル、句読点、文法に関してエラーがない。	スペル、句読点、文法に関して若干のエラーがある。	スペル、句読点、文法に関してエラーが明らかである。	スペル、句読点、文法に関してエラーが多すぎる。
省察	省察（学習に対する反省）のすべてに個人的反省が含まれ、記述的・洞察的である。	省察（学習に対する反省）のほとんどに個人的反省が含まれ、記述的・洞察的である。	省察（学習に対する反省）の一部に個人的反省が含まれ、記述的・洞察的である。	省察（学習に対する反省）のわずかに個人的反省が含まれ、記述的・洞察的である。

＊弘前大学21世紀教育テーマ科目「国際社会を考える（D）──日米大学の比較から見た教育と研究の現状」ラーニング・ポートフォリオ評価ルーブリック（採点指針）
出所　土持（2009）、p.83を参考に作成

調査研究」医学チーム）。テンプレートがウェブ上に公開されており、各大学の事情に合わせて適宜追加、修正、変更することができるようになっています。

　全科共通と各診療科に分かれていて、「私が目標とする医師像」に始まり、「医師として求められる基本的な資質」や「臨床実習の到達目標」、「臨床実習開始までの学習履歴」や「研究活動の記録」、「実習日誌」や「簡易版臨床能力評価表」など、さまざまな観点が盛り込まれています。自己評価や教員、指導医、看護師による評価、患者による感想など、多様な関係者からの評価を取り入れられるように設計されています。

13章

多様な学生に配慮して評価する

1 公平な評価が求められている

1.1 一律な評価が公平とは限らない

　学生の評価をする際に公平性は重要です。しかし、公平であることは簡単ではありません。たとえば、すべての学生に対して同じ条件で一律に評価を行うことは、必ずしも公平であるとは限りません。問題用紙を読むことに困難がある学生がいる場合、他の学生と同じ問題用紙による試験で評価すると、学生の学習成果を正しく評価することができません。その場合は、問題用紙を拡大したり、特別に試験時間を延長したりするなどの配慮をすることで、他の学生と公平な評価が可能になります（日本学生支援機構 2015）。

　一律な評価方法では、一部の学生にとって不利になる場合があることを理解しておきましょう。教員が意図していなくても、評価方法によっては配慮に欠けた行為になりかねないのです。

1.2 入学試験の際に配慮されている

　多くの大学が入学試験において活用する大学入試センター試験では、受験者の申請に基づいて、さまざまな配慮がされています。試験時間の延長、拡大文字問題冊子の配付、拡大鏡の使用の許可、別室受験などです。毎年2500人程度の受験者が配慮の対象になっています（大学入試センター 2017）。

　このような配慮された方法で入学した学生は、大学における評価にも同様の配慮を期待するでしょう。実際、大学入試センター試験で認められる対応は、大学における試験でも同様に考慮されるべきであると指摘されています（日本学生支援機構 2015）。

1.3　学生の多様性を尊重する

　教育機関において、個人の属性、障害の有無、経済的理由によって教育の機会に差が生じることは許されません。これは、教育の機会均等と呼ばれるもので、教育基本法において次のように記されています。

> 第四条　すべて国民は、ひとしく、その能力に応じた教育を受ける機会を与えられなければならず、人種、信条、性別、社会的身分、経済的地位又は門地によって、教育上差別されない。
> 2　国及び地方公共団体は、障害のある者が、その障害の状態に応じ、十分な教育を受けられるよう、教育上必要な支援を講じなければならない。
> 3　国及び地方公共団体は、能力があるにもかかわらず、経済的理由によって修学が困難な者に対して、奨学の措置を講じなければならない。

　さらに、障害者差別解消法（正式名称は、障害を理由とする差別の解消の推進に関する法律）の施行により、不当な差別的取り扱いの禁止と合理的配慮の提供が求められるようになりました。このように、障害のある学生を支援する法令が整備されていることを理解しておく必要があります。

　また、大学はこれまで多様な学生を受け入れることに価値を置いてきたという伝統もあります。実際、大学は多様な学生を受け入れることによって活力を生み出しています。学生の多様性を尊重することは、法令に基づくものだけでなく、大学が重視してきた価値から導かれるものでもあるのです。

2　排除しない評価方法を目指す

2.1　障壁の少ない評価方法を選択する

　障害のある学生を目の前にすると、何らかの特別な配慮をしたいと考える教員もいるでしょう。しかし、評価方法を考える際には、特別な配慮の方法を先に考えるのは適切ではありません。まずは、すべての学生に障壁の少ない評価方法がないかを検討することから始めましょう。

　これは、ユニバーサルデザインの考え方といえます。「障害者の権利に関

する条約」において、ユニバーサルデザインは「調整又は特別な設計を必要とすることなく、最大限可能な範囲で全ての人が使用することのできる製品、環境、計画及びサービスの設計」と定義されています。学生の評価においても、特別の配慮なしで多くの人が利用可能であるような設計にすることを第一に考えましょう。この考え方は、教育をより包括的な活動にすることを目指すインクルーシブ教育の理念とも合致するものです。

たとえば、問題用紙に小さい文字が使用されている場合、視覚障害のある学生だけでなく、視力が弱い学生にとっても、文字を読むのに困難を伴います。この評価方法は一部の学生を排除するため、拡大文字の問題用紙を別途用意する必要があるでしょう。しかし、はじめから全員に配付する問題用紙の文字を大きくしておけば、特別な配慮が必要な学生は大きく減少するでしょう。同様に、赤色と緑色の区別が重要になる試験問題を作成したとしたら、一部の学生はその2色の区別ができずに排除されることになります。誰にとっても区別しやすい試験問題を作成していれば、特別の配慮が必要な学生は大きく減少したはずです。

このように考えると、評価方法に障壁を作っているのは教員自身である場合があることに気づくでしょう。授業の評価方法をより多くの学生が利用できるユニバーサルデザインに変えていくことを目指しましょう。そして、受講者全員が利用できる評価方法が考えられない場合にのみ、配慮の方法を考えましょう。

2.2　学習成果を測定できる評価を選択する

評価において重要なことは、学ぶべき内容を習得しているかどうかです。評価方法を検討する際には、その視点で問題がないか確認することが重要です。たとえば、学習内容の理解度を評価するために、限られた時間で長文を書かせる筆記試験を例に考えてみましょう。そのような評価方法の場合、文字を書くことに困難がある学生にとっては、理解度を評価されるというよりも、書く速度を評価されることになってしまいます。また、難解な日本語で問題文を記した試験では、日本語を母語としない留学生などの学生にとっては、その授業の目標の到達度を評価されるというよりも、日本語能力を評価されることになってしまいます。

授業を通して本当に評価したいものはどのような能力なのか、そして、どのような学生に対してもその能力が測定できるような評価方法になっているのかを、今一度見直しましょう。

2.3 評価の方法と基準を事前に周知する

評価の方法と基準については、障害の有無にかかわらず学生が気になることです。評価の方法と基準は事前に詳細に周知しましょう。シラバスに評価の方法と基準を記すことで、学生は自分の学習成果がどのように評価されるのかが理解できます。障害のある学生にとっては、特別な配慮が必要になるのかを確認することができます。

教員は初回の授業で授業の進め方や評価の方法を丁寧に説明する必要があります。そのうえで、特別な配慮が必要になる学生がいるかどうかを確認しましょう。「さまざまな理由で、調整や支援が必要な学生がいれば、授業終了後に私に伝えるか、オフィスアワーなどで私に会いに来るようにしてください」と伝えておきましょう（デイビス 2002）。

シラバスや初回の授業で前もって伝えておけば、学生もどのような点において調整や支援が必要なのかが明らかになり、教員も時間的に余裕をもって学生のニーズに対応することができます。

3　合理的配慮に基づく評価を理解する

3.1　合理的配慮を理解する

合理的配慮とはどのようなものでしょうか。「障害者の権利に関する条約」において合理的配慮は、「障害者が他の者との平等を基礎として全ての人権及び基本的自由を享有し、又は行使することを確保するための必要かつ適当な変更及び調整であって、特定の場合において必要とされるものであり、かつ、均衡を失した又は過度の負担を課さないもの」と定義されています。そして、同条約において、合理的配慮を否定することは障害に基づく差別に当たることも明記されています。

合理的配慮を理解するためには、定義に示された「必要かつ適当な変更及び調整」と「均衡を失した又は過度の負担を課さないもの」の二つを理解することが必要です。「必要かつ適当な変更及び調整」については、障害のある学生にとって、その配慮が必要かつ適当な程度や内容であるかという点が重要です。あくまで、障害のある学生が主体的に自分の力を発揮していくことが目的になるので、本人が必要としていないような過剰な配慮は合理的とはいえません。

また、「均衡を失した又は過度の負担を課さないもの」については、他の

学生との公平性と大学や教員に過度な負担がかからない点が重要です。よく例にあげられるのは、足の不自由な学生への対応です。校舎にエレベーターを設置するのは予算がなくて難しい場合、必ずしもエレベーターを設置する必要はありません。しかし、足の不自由な学生が学習する教室を1階に配置するという配慮は難しくないでしょう。このような実行可能性の高い配慮が求められているのです。

3.2　二重基準は設けない

　障害のある学生から配慮要請があれば、評価方法の変更や調整を検討することになりますが、評価基準を下げるなどの対応は行わないのが原則です。障害のある学生自身も他の学生と対等に扱われることを望んでいます。また、障害のある学生以外の受講者にとっても、一部の学生を優遇していると思わせるのは望ましくありません。受講者全体に対して公平であると実感させることが重要です。

　たとえば、障害のない学生の合格点は60点であるが、障害のある学生は50点でよいといった二重基準は望ましくありません。同様に、受講者全員が受けることになっている試験を、障害のある学生は受けないでよいといった免除の特例を設けるのも公平さに欠けます。

3.3　調整や変更を最小限にする

　合理的配慮に基づく調整や変更を最小限にする工夫も必要です。たとえば、点字を使用している視覚障害のある学生の試験をレポートで代替することは、学生に便宜を図っているように見えますが、必ずしも望ましいこととはいえません（日本学生支援機構 2015）。なぜなら、方法の調整や変更が大きいからです。この場合は、障害のない学生と同じ試験を点字で受けられるようにする方が調整や変更を小さくできます。障害のある学生を特別視せずに、他の学生とできる限り類似した評価方法を選択しましょう。

3.4　調整や変更の具体例を理解する

　障害のある学生に対して、どのように評価方法を調整や変更できるのでしょうか。ここでは、七つの代表的な方法を紹介します。

1｜試験時間の延長
　文字を読んだり書いたりするのに時間を要する学生に対しては、試験時

間の延長という方法があります。どれだけの時間を延長したらよいのか
は、学生の状況に応じて判断すべきものです。大学入試センター試験では、
学生によって1.3倍および1.5倍の試験時間延長の配慮があるので、それ
らは目安の一つになるでしょう。

2 | 別紙による試験問題

　小さい文字を読むのが困難な学生には、拡大文字による試験問題を配付
するという方法があります。大学入試センター試験では、14ポイントおよ
び22ポイントの文字による試験問題が提供されています。

　学生によっては試験問題の点字化が適切な場合があります。点字化す
るには特別の器具が必要であり、個々の教員で準備することは難しいで
しょう。大学内の専門部署と事前に相談して準備する必要があります。

3 | 解答方法の変更

　マークシートなどの小さい範囲を鉛筆で塗りつぶす作業が難しい学生
もいます。そのような場合は、塗りつぶす必要はなくチェックするだけで
よいと伝えたり、別紙の解答用紙を準備したりしてもよいでしょう。

　手書きよりもパソコンによる入力を得意としている学生には、パソコン
による入力を認めてもよいでしょう。手書きもパソコンによる入力も困難
な学生には、口述筆記や録音解答を認めるという方法もあります。

4 | 座席の場所の指定

　試験の際に座席を決めた方がよい学生もいます。たとえば、視覚障害の
ある学生にとっては、窓際の明るい座席がよいでしょう。聴覚障害のある
学生にとっては、前列の座席がよいでしょう。肢体不自由のある学生には、
出入りしやすい入口の近くの座席がよいでしょう。

5 | 支援機器等の持ち込みの許可

　補聴器、拡大鏡、遮光眼鏡、耳栓、マスク、車いす、杖といった、学生が日常
的に使用している福祉用具等の持ち込みを、必要に応じて許可しましょ
う。また、照明器具、下敷き、書見台、自助具といった読み書きを支援する道
具等を必要とする学生もいます。さらに、試験中に服薬や飲水が必要にな
る学生もいます。

6│別室受験

　問題文の読み上げが必要となる、口述筆記や録音解答を伴う、周囲の目が気になり落ち着いて試験を受けられないなどの理由により、他の学生と同室での受験が困難な学生に対しては、同時間帯に別室で受験させるなどの対応をしましょう。

7│代替方法による評価

　学生の障害の状況によっては、代替方法による評価の方が適切な場合もあるでしょう。たとえば、聴覚障害のある学生へのリスニング試験は、試験方法の調整や変更では障害による不利の改善が期待できません。リスニング試験を筆記試験に置き換えるなどの代替方法を検討する必要があります。

　上記のような障害のある学生に対する評価方法の調整や変更は、どのような学生に対して行うのでしょうか。表34は、障害の種類別の配慮方法の例を示したものです。

表34　障害の種類に応じた配慮方法の例

障害の種類	配慮方法
視覚障害	問題の点字化や拡大、パソコンなど必要機器の持ち込みと使用の許可、問題の読み上げ、試験時間の延長、別室受験
聴覚障害	FM補聴システムの導入、手話通訳、座席配慮、板書を増やす、明瞭に話す、口元が見えるように話す
肢体不自由	パソコンによる解答、口述筆記等の許可試験時間の延長、別室受験
病弱・衰弱	杖や車いすなどの使用許可、介護者の配置、室温調整、試験時間の延長、別室受験
発達障害	試験方法の検討、時間管理等の指導、提出期限の延長、個別注意喚起と伝達、試験時間の延長、別室受験
精神障害	座席指定、服薬と飲料の許可、再受験、代替方法による評価

出所　東北大学学生生活支援審議会(2016)を参考に作成

4 合理的配慮に基づく評価を実施する

4.1 所属大学の方針や支援体制を確認する

合理的配慮に基づく評価を実施する場合は、国が定めた法律だけでなく、所属大学の方針を理解することが重要です。障害のある学生に対する大学の方針は、大学の規則に記されたり、専門部署のウェブサイトや教職員向けのガイドブックなどに掲載されたりする場合が多いでしょう。まずは、それらを通して大学の方針や支援体制を確認しましょう。また、学生向けに書かれたガイドブックの該当箇所を読んでおくことも重要です。

4.2 学生からの申請から始める

合理的配慮に基づく評価は、学生からの申請に基づいて検討するものです。教員自身の判断のみによって行うものではないことを理解しておきましょう。

障害のある学生への支援体制は大学によって異なりますが、学生は大学入学時や各学期の開始前に専門部署に支援の申請をし、授業が開始するまでに教員のもとに連絡が入る場合が多いでしょう。その場合は専門部署と授業の方法と評価の方法について相談しておく必要があります。

4.3 対象学生と評価方法を合意する

障害のある学生が合理的配慮を求めた場合、教員は対応し評価方法を検討する必要があります。まずは、障害の形は多様であり、適切な合理的配慮のあり方も障害の内容や程度に応じて異なることを理解しておきましょう。診断名だけで決まるものではありません。能力特性の検査結果等をふまえて、それらの合理的配慮が妥当なものであるかどうか、学内の専門部署からの助言を受けるとよいでしょう。

その際に重要なことは、障害のある学生の意見を十分に聞くことです。学生自身がどのような調整や変更が必要なのかを最もよく理解しているからです。

14章

学習評価を授業改善に活用する

1 学習成果の情報を集める

1.1 授業改善は学習評価の目的の一つ

　学習評価の結果、多くの学生が設定した目標に達しなかったり、多くの学生が誤答する問題があるなら、それは指導が適切でなかったことを示唆します。これを学習者検証の原則と呼びます。多くの学生が目標に達成できるようにするには、授業の内容、使用する教材、指導の方法などを改善する必要があります。

　このように、学習評価によって得られる情報は授業改善に取り組むうえで有益な情報源となります。以下では、どのような情報が活用できるかを整理していきます。

1.2 成績を集積する

　授業終了後にまず確認することは、学生の学習成果の達成状況です。課題ごとに学生の成績の平均を集計してみましょう。レターグレードなど素点を用いていない場合は、Aは4、Bは3などグレードポイントにして集計します（Walvoord & Anderson 2010）。

　たとえば、学期中に2回の中間筆記試験と1回の期末筆記試験を行った結果、下のような結果が得られた場合を考えてみます。

	クラス平均点
中間試験1	87
中間試験2	79
期末試験	73

試験を経るごとに平均点が下がっている場合、中間試験1以降の授業で学生の間に何らかの困難が生じているかもしれません。授業の方法や内容を見直す場合は、中間試験1以降の部分を優先的に検討します。

1.3 課題ごとに成績を集計する

試験の平均点だけでは、どのような内容が学生にとって理解が困難であったかを特定することは難しい場合があります。そこで、筆記試験であれば、問題ごとに得点の平均が集計できるとよいでしょう。たとえば、期末試験の場合、次のような集計を行います。

	問題1	問題2	問題3	…	合計
学生1	15	10	9		91
学生2	7	8	3		67
学生3	9	8	5		75
⋮					
平均	13.4	7.2	4.6		73

特定の問題で多くの学生が答えられていない場合、どの問題が学生にとって難しいかをより正確に把握することができます。一方で、こうした集計表の作成は作業量が多く、学生数が増えると困難です。多肢選択問題や短文回答問題が中心の筆記試験では、オンライン試験を用意することで、こうした集計表を自動的に作成することができます。

この方法は、ルーブリックを用いたレポート課題や口述発表の評価でも同様に活用できます。たとえば、レポートを評価する観点として、テーマ設定、文献整理、論理構成、日本語表現の四つを設定している場合を考えてみます。観点別の得点を集計した結果、多くの学生が論理構成で低い得点である場合、論理構成の指導を改善する必要がありそうです。学生の成績の集計は、授業改善の情報を得る最も基礎的なデータです。

2 授業の評価を行う

2.1 アンケートを活用する

今日では多くの大学で組織的に授業評価アンケートを行っており、そ

の結果を活用することができます。ただし、自分の知りたいことに関連した質問がなかったり、結果を得るまでに時間がかかる場合は、独自にアンケートを行うこともできます。最終回の授業など、すべての試験や課題が終わった段階で、アンケートを配付して回収します。この方法は、多くの意見を集めることができますが、授業時間中に行う余裕がない場合は、オンライン上でアンケートを用意し、アクセス先を授業中に示して回答への協力を呼びかけます。アンケートは匿名で行う方が、改善に必要な情報を得やすくなります (吉川 2007)。

また、形成的評価の考え方と同様に、授業の評価も学期の途中で行うことができます。15回の授業で構成される場合、初回から3回めまでの早い段階と、7回から8回め頃の中間段階で、授業の改善に関する意見を集めます。具体的に尋ねる項目として、次のようなものがあります。

・この授業の良い点には何がありますか？
・この授業で改善してほしい点はありますか？
・授業の進み方はあなたにとって早すぎますか、ちょうどよいですか、遅すぎますか？
・授業であなたの学習を促進した教員の言動はありましたか？
・授業であなたの学習を促進しなかった教員の言動はありましたか？

2.2　インタビューで情報を集める

少人数授業のように、学生との信頼関係が形成されている場合は、授業終了後に数名の学生を対象に授業に関する意見を聞く機会を設けることもできます。否定的な意見であっても自由に述べられる人間関係が形成されている場合は、教員が直接インタビューすることで、多くの情報を得ることができます。

また、インタビューのようなフォーマルな形でなくとも、授業終了後に教室にいる学生に話しかけたり、オフィスアワーによく質問に来る学生に意見を聞くことでも情報を集めることができます。ただし、否定的な意見を直接述べられるほどの関係ができていない場合は、ティーチング・アシスタントや学内のFD担当部門に依頼して、第三者にインタビューしてもらう方が、授業改善に必要な情報を集めやすくなります。

インタビューのメリットは、アンケートと比較して質の高い改善情報が得られる点です。アンケートに「ラプラス変換がわかりにくかった」と書

かれていても、計算の手続きがわかりにくかったのか、電気回路の事例から解くべき微分方程式を立てることが難しかったのかはわかりません。インタビューであれば、その場で質問をすることで学生の意見をより詳しく聞きとることができます。いずれの方法でも、協力してくれた学生には忘れずに謝意を伝えましょう。

2.3 自己評価を行う

　教員による自己評価も、授業を評価する重要な視点です。多くの大学は、学生の授業評価アンケートと同時に、教員を対象とするアンケートを実施しています。アンケートの記入は、教員に授業の振り返りを促し、改善点に気づかせる契機になります。

　学期末だけではなく、気づいた改善点を日常的に記録しておくと、自己評価がより容易になります。たとえば、毎回の授業で、次のような三つの点について振り返り、気づいたことを記録しておくと、授業の改善に役立ちます（浅田ほか 1998）。

- ・いかにできたか：学習目標の達成の手段として、授業が効果的・効率的であったかを問う。
- ・なぜこの方法なのか：学習目標や学習評価のための課題に対して、他の方法で教えることができなかったか、もし他の方法で教えたらどのような学習成果が得られたかを問う。
- ・自分のもつ知識が何のために使われたか：教員自身の授業に対する考え方を問うもので、学習者中心の授業では、教員のもつ知識は学生が問題を再発見したり解決する手助けとして使われる。

3　授業を改善する

3.1　学習目標を調整する

　学習評価の目的の一つに授業改善があります。授業を改善する際の対象には、学習目標、評価に用いる課題、授業で使う教材、授業の実施計画などがあります。

　学習評価の結果を用いて授業を改善する場合、はじめに検討すべきことは学習目標の見直しです。たとえば、「電子回路の構成と設計法を説明で

きる」「簡単な回路を設計できる」「他者の意見を尊重し、グループ活動を円滑に進めることができる」という三つの学習目標がある授業を考えてみます。多くの学生が三つめの学習目標を十分達成できなかった場合、どのような調整が可能でしょうか。この目標は、学部の教育目標上重要であるため、外すことはできません。そこで、はじめの二つの目標について、グループ活動を含む形で調整することを検討します。具体的には、「他者の考案した回路設計の問題点を指摘できる」「自ら考案した回路の設計プロセスについて他者に説明できる」というように目標を調整します。

3.2　異なる評価方法を検討する

　学習評価による授業改善では、異なる評価方法の検討も重要です。特に、これまでと異なる評価方法を取り入れることで、十分に評価できなかった能力を評価できないか検討します。たとえば、筆記試験では高次の認知能力を十分に評価できないため、より高次の能力の評価に適したレポート評価を検討するといった場合があります。

　異なる評価方法の開発は、異なる課題の開発と表裏一体です。これまで微分方程式を解く能力を計算問題で行っていたが、具体的な電気回路を示して、ある時刻以降の電流を求める問題に変えるには、授業で教えている知識や概念が、社会や生活の中でどのように活用されているか広く知る必要があります。

　また、異なる評価方法の検討は、授業計画の変更とも連動します。これまで以上に、学生の主体的に学ぶ力やチームワークを評価したい場合、従来、授業時間内に伝達してきた知識を、オンライン上で授業時間外に学ばせ、授業時間内はグループ学習を導入するといった設計が必要になるかもしれません。

3.3　異なる授業計画を検討する

　学習評価で得られた情報は、授業計画の変更にも役立ちます。これまでの授業計画が、中間試験や期末試験で十分に成果を出せる計画になっているかを点検します。たとえば、学期中に3回ある筆記試験で2回めの試験のクラス平均点が低かった場合、3回めの試験前の授業で十分に練習問題に取り組める計画に変更します。または、フィールドワークを取り入れた授業で、学期末のレポートが満足できるものでない原因が事前学習にあった場合、フィールドワークの時期を遅らせて事前学習に十分な時間をとる

計画にします。

　授業計画を検討するための問いには、次のようなものがあります（Barkley & Major 2016）。

・より学習者中心の学習を取り入れられないか：思考を促したり葛藤を生む事例や課題を示して、その解決に取り組む学習を取り入れることで、学習者中心の授業計画をつくることができます。
・学習活動をより細分化できないか：レポートを書かせる前に、短い文章を何度か書かせたり、下書き段階のレポートを採点することで、より質の高い学習成果につながる計画にできます。また、実技や実習でも、さまざまな技術を網羅するのではなく、最も重要な技術に焦点化して、それを複数回練習したり、より簡単な技術から練習することで、確実に身につけられる計画にできます。
・より効率的な計画にできないか：授業時間中の活動を効果的にするために、授業時間外の個人学習で十分に獲得できる知識の範囲を特定して、計画に反映します。

3.4　教育の質向上に貢献する

　授業の改善は、新しい授業方法や評価課題を取り入れるなど、これまでと異なることに取り組むこととは限りません。むしろ、カリキュラムで求められている学習成果や、授業で定めた学習目標に学生が到達しているかどうかを、明確に示すことも重要な授業改善です。本書で取り上げたさまざまな学習評価の方法を用いれば、学習目標の到達をより多面的に示すことができるでしょう。

　学生の学習成果を明示することは、大学全体や社会に対して、教員個人や組織としての教育力量を示すことでもあります。適切に学習評価を行い、その結果を共有・発信することで、個別の授業改善だけでなく、組織や大学全体の教育改善に貢献することができるのです。

163

第4部

学習評価のための資料

学習評価のための資料

1 試験・レポート・成績評価に関する資料

1.1 成績評価のガイドライン

「成績評価のガイドライン」

① 成績評価は複雑な作業であることを正しく認識する。いかなる評価方法も不備があり制約があることを認める。成績評価を一つの学習ツールとみなす。

② まったく客観的な評価はありえないことを知る。教師の責任は、自分の能力の限り、情報に基づく専門家としての判断を与えることである。

③ 時間を効果的に配分する。学習を支援するためには、ほかの活動にも十分な時間を割く必要がある。専門家として思慮深く一貫した判断をおこなうために適切な時間を確保する。そして次の活動に移る。

④ 学力低下を受け入れる。学力低下は国家的な問題であり、国家レベルと歩調をあわせて各大学で対応すべき問題であることを認識すべきである。この問題に、教師は一人で取り組むことはできない。

⑤ 学生の言葉にしっかり耳を傾け、学生の活動をしっかりと観察する。そうすることで、さまざまな学生にとって成績がもつ意味を理解でき、適切に対応できる。学生が学習成績から読み取る意味が、その後の学習にもっとも強く影響する。

⑥ 成績評価に込めた意味と、成績の判定基準を明確に意識する。

⑦ 学生と対話し、協同する。そして、共通の学習目標に向かって協力し合う雰囲気をクラスのなかにつくる。

⑧ 成績評価とほかの重要な活動を一体化する。そこには授業計画や学習指導、授業中の相互交流などの活動が含まれる。

⑨ 教えどきを捉える。そのときどき、学生はなにを学習すべきか、ということに注意を払うべきである。とくに学生がやる気を見せたときはもっとも効果的な機会であるので、決して見逃さない。

⑩ 学生の学習を最優先の目標にする。成績評価は強力な手段であり、学習に大きな影響を与える。成績評価の第一義的な目標は学習の促進にある。

⑪ まず教師であること。評価者としての仕事は次である。学校は学習と評価をつなぐものである。

⑫ 学習中心の動機づけを高める。成績評価に対する否定的な態度を戒める。将来起こることを自分自身でうまく対応でき、懸命に努力すれば報われ、成功は運ではなく努力でえられ、成功は自分自身でコントロールできるということを学ぶための支援をおこなう。

出所　バークレイほか（2009）、pp. 69-70を参考に作成

1.2 試験の際の注意事項

「**不正を防ぐための注意事項の例**」

・教科書はカバンの中に入れて、机の下に置いてください。

・机の中に何も入っていないか確認してください。何か入っている場合は今すぐ申し出てください。

・机の上には筆記用具だけを出してください。

・携帯電話はマナーモードにしてください。

・試験中に気分が悪くなったり、トイレに行きたくなった場合は、静かに手をあげてください。試験監督が席まで行きますので、それから用件を話してください。手をあげずに声を発した場合は不正行為と見なすことがあります。

・○時○分からは退出が可能です。退出する場合は解答用紙とすべての荷物を持って、教卓のところに来て解答用紙を提出してから、教室を退出してください。ただし、一度退出した後は教室に戻ることはできません。

・不正行為を行うと、この授業の単位だけでなく、今期のすべての単位が取り消されます（学則などを事前に確認してそれを伝えます）。

1.3 思考力と表現力を培う試験問題・レポート課題

「試験問題の例：異なる分野で学習したことを統合する問題」
基本統計量について、それぞれの量に関する理解と、ヒストグラムの読み方を総合的に測定することができる試験問題の例

問1　エクセルで計算した6変数の基本統計量（一部）を表にまとめた。分布の様子を示したA〜Iのどのヒストグラムと対応があるか、その記号を（　）内に答えなさい。

ヒストグラム →	( )	( )	( )	( )	( )	( )
平均	6	6	6	6	6	6
標準誤差	0.408248	0.408248	0.408248	0.408248	0.408248	0.408248
中央値（メジアン）	6	6	6	6	6	6
標準偏差	1.632993	1.632993	1.632993	1.632993	1.632993	1.632993
分散	2.666667	2.666667	2.666667	2.666667	2.666667	2.666667
尖度	3.913187	-1.8033	1.559341	1.559341	0.886813	-0.45824
歪度	0	0	-1.25974	1.259738	0	0
範囲	8	4	6	6	6	6
合計	96	96	96	96	96	96
標本数	16	16	16	16	16	16

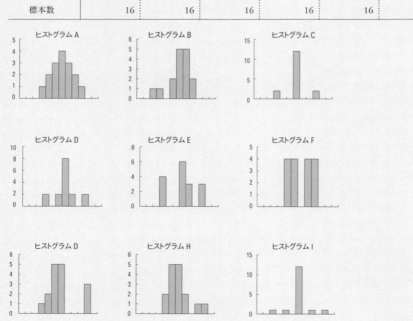

（提供：徳島大学総合教育センター 川野卓二教授）

「実験レポート課題の例」

緩和実験に関する次の実験を行い、実験レポートを作成しなさい。

1. 用意するもの

容器、温度計、ストップウォッチまたは時計、お湯、ものさし

2. 実験

① 測定に使用する2つの温度計で、それぞれの室温の値 T_0 を読み取る。

② 70℃程度の湯を用意し、1つの容器には多目に、もう1つの容器には少な目に湯を入れる。複数人が同時に測定するときは、全員が同じ量でなく、少しずつ湯の量を変化させると良い。断熱材(発砲スチロールあるいは木の机等)の上に置き、温度計を入れ、湯をかき混ぜる。最初は温度が上昇していくが、しばらくすると一定になる。

③ 容器の内径 d、湯の高さ h をものさしで測定する。

④ 温度が下がりだして数分したら、時刻と温度の測定を開始する。

⑤ 5分おきに時間 t と、その時の湯の温度 T を読む。時々、湯の温度が均一になるようにかき混ぜる。また測定の数10秒前にも軽くかき混ぜておく。

⑥ 測定しながら、時間 t に対する湯の温度 T のグラフ1と、縦軸に $T-T_0$ の常用対数をとったグラフ2を描く(図2、3参照)。

⑦ 1時間もすると湯がかなり冷めて、室温近くになる。この先いったいどこまで冷めるかということにも興味があるが、片対数グラフの直線性が十分確認されたら測定を終了する。

⑧ 再度、容器の内径 d、湯の高さ h をものさしで測定する。

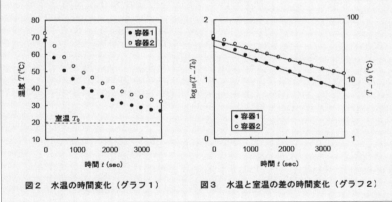

図2　水温の時間変化(グラフ1)　　図3　水温と室温の差の時間変化(グラフ2)

(提供:徳島大学物理学教室)

学習評価のための資料

「レポート課題の作成手順・提出方法に関する説明文書」

2016年度「科学的思考とクリティカルシンキング」
定期試験期末レポートについて

1.〈レポート課題〉

提出物： ①課題レポート ②自己評価シート（ルーブリック）

分量： 本文2400字以上（3600字以内）

書式： A4判用紙にワープロソフト（ワード等）を使用し作成すること。
　　　＊詳しくは、「提出書式」で説明しています。

提出日時：2017年1月27日（金）4限（14:30 ～ 15:30）
　　　開始時間までに教室に集合してください（定期試験時と同じです）。
　　　＊学生の入室時間は筆記試験と同様、試験時間開始後20分まで認められます（大学による規定）。開始後20分以降の入室は認められませんので注意してください。

提出場所：教養教育4号館4-302教室

設問： 『科学技術をよく考える：クリティカルシンキング練習帳』のユニット9「動物実験の是非」をよく読んで、以下の「レポート作成の手順」に従い作成せよ。

2.〈レポート作成の手順〉

（手順1）自分の立場を述べる
　　　→動物実験賛成（タクミ）、動物実験反対（アスカ）のどちらの立場をとるのか？
　　　（手順2）自分の主張の根拠を説明する
　　　→自分の立場の根拠は、タクミまたはアスカの挙げているどのような主張か？
　　　＊タクミおよびアスカの主張をそのまま用いても可。ただし参考文献も用いること
　　　＊タクミおよびアスカと別の主張を用いる場合は、彼らの主張を踏まえた上で、自分の主張の根拠となる参考文献を用いること

（手順3）対立する主張とその根拠を説明する
　　　→自分の立場と対立する主張（動物実験賛成の立場なら、動物実験反対の立場）を述べた上で、その対立する立場の根拠を説明する。
　　　＊タクミおよびアスカの主張をそのまま用いても可。ただし参考文献も用いること
　　　＊タクミおよびアスカと別の主張を用いる場合も、参考文献で根拠を示すこと

（手順4）自分と対立する主張に対する反論を述べる
　　　→対立する立場に対する反論を、自分の立場から述べる。
　　　＊タクミおよびアスカの主張をそのまま用いても可。ただし参考文献も用いること
　　　＊タクミおよびアスカと別の主張を用いる場合も、文献を用いて根拠を示す

（手順5）自分の主張を簡潔にまとめ、結論を述べる
　　　＊手順2 ～手順4のうちで、必ず1つは参考（引用）文献を用いること。

3.〈提出書式〉

1｜表紙（1枚目）に、以下の情報を明記する（フォントサイズ12で表記する）
　　①レポートのタイトル、②字数（2400字以上3600字以内）、③提出日（年月日）、④学部学科、学年、⑤学籍番号、⑥氏名
2｜2枚目から本文を作成する（フォント数10.5、文字数40、行数30で作成）
3｜本文の下部中央にページ番号を入れる（手書きでも可）
4｜「自己評価シート（ルーブリック）」の該当箇所を丸で囲み、本文の最後に添付する。
5｜用紙の左上をホチキス止めする（表紙＋本文＋自己評価シート）

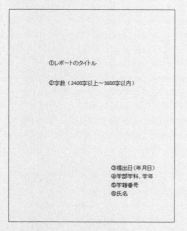
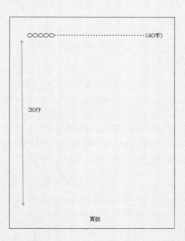

4.〈注意事項〉

1｜レポート・論文執筆の倫理を厳守すること。コピペ（他のレポートの剽窃も含む）等を行った場合は不可とする。
　　＊執筆の倫理：剽窃の禁止、情報倫理（知的所有権、個人情報保護）の遵守
2｜参考文献を用いた場合は著者、タイトル、出版社、出版年を明記すること。ウェブサイトを参照した場合は、タイトルとURLを明記すること（参考文献は文字数に入れない）。

参考文献例
・戸田山和久、『「科学的思考」のレッスン：学校で教えてくれないサイエンス』、NHK出版、2011年
・伊勢田哲治、『疑似科学と科学の哲学』、名古屋大学出版会、2003年
・Master of Writing（リーフレット）、立教大学 大学教育開発・支援センター発行 http://www.rikkyo.ac.jp/aboutus/philosophy/activism/CDSHE/journal/leaflet/（2016年7月31日参照）

学習評価のための資料

「レポート提出に関するチェックリストの例」

氏名：＿＿＿＿＿＿＿＿＿＿＿＿＿＿＿

注意：チェックリストに記入し、提出する各レポートにホチキスで綴じてください。
- ☐ 私は課題のすべての部分に取り組んだ。
- ☐ 私の論証は読者にとって明白であり、曖昧な点はないであろう。
- ☐ 私の文章は論理的に組み立てられており、私の論証を推し進めるのに役立っている。
- ☐ 私は自分の論証を補強するために多様な証拠（たとえば、引用、例、事実、図版）をあげている。
- ☐ 結論は私の論証のまとめであり、単にトピックの段落を繰り返すだけでなく、私の論証の意味するところを掘り下げている。
- ☐ レポートの構成、論証、文の構造、スタイルを改善するためにレポートを＿＿回推敲した。
- ☐ コンピュータに頼らずに自分でレポートを注意深く校正した。
- ☐ レポートの冒頭に自分の名前が書いてある。
- ☐ レポートをホチキスで綴じた。
- ☐ 出典を適切に明示しないで他の人の研究、考え、表現を使っていない。
- ☐ 情報源がすべて参考文献記載欄に記載されている。参考文献の記載はAPA方式に則っている。
- ☐ 私はシラバスに書かれた剽窃についての説明を読み、理解し、剽窃についての定義と罰則に従うことに同意する。

学生の署名：＿＿＿＿＿＿＿＿＿＿＿＿＿＿　　日付：＿＿＿＿＿＿＿＿

出所　アンブローズほか（2014）、pp. 240-241を参考に作成

2 ルーブリックに関する資料

2.1 汎用的能力を評価するルーブリック

「批判的思考力の総合的ルーブリック」

4 強い: 一貫して、次のすべて あるいはほとんどすべ てが当てはまる	・証拠、ステートメント、グラフィックス、質問等を正確に解釈する ・関連する議論(理由と主張)の賛成と反対を同定する ・明白な別の観点からの分析と評価を与える ・保証された、虚偽ではない結論を導く ・いくつかの帰結や手順を正当化し、理由を正当化する ・公正に、証拠と理由が導くところに従う
3 受容可能である: 次のほとんどあるいは 多くが当てはまる	・証拠、ステートメント、グラフィックス、質問等を正確に解釈する ・関連する議論(理由と主張)の賛成と反対を同定する ・明白な別の観点からの分析と評価を与える ・保証された、虚偽ではない結論を導く ・いくつかの帰結や手順を正当化し、理由を正当化する ・公正に、証拠と理由が導くところに従う
2 受容できない: 次のほとんどあるいは 多くが当てはまる	・証拠、ステートメント、グラフィックス、質問等を誤って解釈する ・強く、関連のある反論を同定できない ・明白な別の観点を表面的に評価するか無視する ・保証されていない、あるいは虚偽の結論を導く ・帰結や手順をほとんど正当化せず、理由をめったに説明していない ・証拠や理由があるにもかかわらず、自己の関心や予断に基づいた見解を主張した り、擁護したりする
1 弱い: 一貫して、次のすべて あるいはほとんどすべ てが当てはまる	・証拠、ステートメント、グラフィックス、質問、情報や他者の観点について、偏った解 釈を与える ・強く、関連のある反論を早急に捨てる、あるいは同定できない ・明白な別の観点を表面的に評価するか無視する ・虚偽であったり関連性のない理由と保証されていない主張を使って議論する ・帰結や手順を正当化せず、理由を説明していない ・証拠や理由があるにもかかわらず、自己の関心や予断に基づいた見解を主張した り、擁護したりする ・論拠に対して狭量さや敵対心を示す

出所 Facione & Facione(1994)、p.5を参考に作成

学習評価のための資料

「調査資料からの発見事項についてのスライド・プレゼンテーションに関する説明形式のルーブリック」

	よくできている(5)	十分な水準(4-3)	改善が必要(2-1)	不完全(0)
構成	明確・簡潔に書かれている。意見とそれを裏付ける情報が論理的・直観的につながっている。すべての情報からの導き方が明確で直接的である	意見とそれを裏付ける情報が論理的につながっている。情報からの導き方のほとんどが明確で直接的である	視点や目的の伝え方が曖昧である。意見とそれを裏付ける情報が論理的につながっている部分もあるが、情報からの導き方はわかりにくく欠陥がある	明確な視点と情報の論理的な順序づけが欠けている。情報からの導き方が明らかでない
説得力	思考を促す問いかけおよび先行オーガナイザーが柱となる考えを伝えている。情報が正確である	説得力のある情報が含まれている	説得力はあるが事実をほとんど伴わない情報が含まれている	情報が不完全、古すぎる、または不正確である
導入	全体的なテーマを紹介している。説得力のある課題や聴衆の興味や目標に関連づけ聴衆を引き込んでいる	明確で一貫性があり、テーマに関係している	いくばくかの構成は存在するが、これから何を述べるかという意識を生み出していない。詳しすぎるか、または不完全である可能性がある。若干訴えかけるところがある	これから述べることに対して聴衆の気持ちを向けさせることができない
明確さ	読みやすくちょうどよいサイズのフォント。イタリック体、太字、インデントを使い、読みやすくするための工夫が凝らされている。パラグラフは適切な長さである。読みやすくするために配色が工夫されている。	ところどころ読みやすいフォントが使われているが、数ヵ所でフォント、イタリック体、太字、長いパラグラフ、カラーまたは背景が文章を読みにくくしている	パラグラフが長い、フォントが大きすぎる、背景が暗い、または背景がごちゃごちゃしすぎている、太字を使いすぎている、適切なインデントがなされていないなどの理由で全体的に読みにくい	文章が非常に読みにくい。長い文章ばかりである。フォントが小さすぎる、配色が不適切である、または見出し、インデントもしくは太字の使い方が下手である
レイアウト	見た目が好ましい。見出しと空白スペースが適切に使用され、メッセージがよく伝わっている	空白スペースを適切に使っている	いくばくかの構成は存在するが乱雑である、ごちゃごちゃしている、または散漫である。	乱雑でわかりにくい。スペースの取り方と見出しが読みやすさに貢献していない

出所　サスキー(2015)、p. 148を参考に作成

2.2 実験を評価するルーブリック

「実験室で行う科学実験用のルーブリック」

	模範的	有能	努力を期待
材料・器具	必要な物品がすべてそろっており、それらがもれなく実験レポートに記録された。用意された物品は実験で使用するのに適切なものである。学生は物品を無駄に使用することはなかった。	必要な物品はすべてそろっていたが、実験レポートに記録されていない品目がある。あるいは一部の物品が用意されておらず、実験中に調達した。用意された物品は実験で使用するのに適切なものである。	必要な物品の一部が準備されていなかったり、実験レポートへの記載漏れがあったりした。用意された物品は実験で使用するのに適切とは言えない。あるいは重大な欠落がある。
実験手順	実験手順はよく練られたもので、選択されたすべての変数について対照実験を行った。実験手段のすべての段階が実験レポートに記載されている。	実験手順には改善の余地があるが、選択されたすべての変数について対照実験を行った。実験手順のほとんどの段階が実験レポートに記載されている。	実験手順は、選択されたすべての変数につき、対照実験を行うものではない。実験手順のうち、多くの段階が実験レポートに記載されていない。
礼儀・安全	学生は整然と実験を進行し、周囲への気配りを怠らなかった。安全にも配慮し、後片付けや清掃をしっかり行った。	学生は概して整然と実験を進行した。十分でないにせよ、周囲への気配りや安全への配慮があった。指摘を受けると、後片付けや清掃をしっかり行った。	学生は雑然と実験を行い、周囲への気配りや安全への配慮がなかった。後片付けや清掃は指摘されても十分に行わなかった。
実験目的	研究課題と仮説が明確に述べられ、両者の関係が明白である。変数が選択されている。	研究課題と仮説が述べられているが、そのいずれかまたは両方が不明確である。あるいは両者の関係が不明確である。変数が選択されている。	研究課題と仮説が明確に述べられていない。両者の関係は不明確または欠如している。変数が選択されていない。
データ収集	未加工データが単位とともに適切な方法で明確に記録されている。データ表には表題が付けられている。	未加工データが単位とともに記録されているが、適切さや明確さに問題がある。データ表には表題が付けられている。	単位を含め、未加工データの記録は不適切あるいは不明確である。データ表には表題が付けられていない。
データ分析	データは図表やグラフ等で提示され、理解や解釈が容易になるよう工夫されていた。エラー分析がなされている。	データは図表やグラフ等で提示された。その理解や解釈は可能であったが改善の余地がある。エラー分析がなされている。	図表やグラフ等によるデータの提示は非常に不明確であった。エラー分析はなされていない。
実験の評価	実験結果は完璧に分析・解釈され、文献値とも照合されている。この方法による限界や弱点が考察され、改良方法について提案がなされている。	実験結果は分析・解釈され、文献値とも照合されているが、改善の余地がある。この方法による限界や弱点が考察されているものの、改良方法について提案はほとんどあるいは全くない。	実験結果の論理的な分析・解釈が行われていない。あるいは文献値と照合されていない。この方法による限界や弱点の考察はなく、改良方法についても何ら提案されていない。

出所　スティーブンスとレビ（2014）、p.100

学習評価のための資料

2.3　総合的学習を評価するルーブリック

「総合的学習のVALUEルーブリック（全米大学・カレッジ協会）」

	キャップストーン	マイルストーン		ベンチマーク
	4	3	2	1
経験とのつながり 関連する経験とアカデミックな知識とをつなげる	学問分野での理解を深め、そして自分の見方を広めるために、授業外での諸経験（生活経験や、インターンシップや海外旅行などのアカデミックな経験も含む）の間のつながりを意義深く統合している。	学問分野の概念／理論／枠組みを明確にするために、様々な文脈（家族生活・芸術への関与・市民参加・仕事経験）から生活経験の例を効果的に選び、発展させている。	生活経験とアカデミックな知識を、差異と類似性を判断するために比較し、自分とは異なる見方も認めている。	生活経験と、自分の興味との類似性や関連性が認められるアカデミックな文章やアイデアとの間のつながりを同定している。
学問分野とのつながり 学問分野や見方をまたぐつながりがわかる（をつくる）	自発的に、多数の部分から全体像を作り出している（統合している）。あるいは、2つ以上の学問分野や見方からの事例／事実／理論を結合させて結論を導き出している。	自発的に、2つ以上の学問分野や見方からの事例／事実／理論の間につながりを作っている。	（そうするように）促されたときに、2つ以上の学問分野や見方からの事例／事実／理論の間につながりをつくっている。	（そうするように）促されたときに、2つ以上の学問分野や見方からの事例／事実／理論を提示している。
転移 ある状況で得たスキルや能力、理論または方法論などを新しい状況に適用し、応用する	難しい問題を解決するため、あるいは複雑な議題を探索するために、ある状況で得た基本的な方法／スキル／能力／理論／方法論を、新しい状況においてオリジナルな方法で適用し応用している。	問題（problem）を解決するため、あるいは問題点（issues）を探索するために、ある状況で得た基本的な方法／スキル／能力／理論／方法論を、新しい状況で適用し応用している。	問題と問題点（problems and issues）の理解に貢献するように、ある状況で得た基本的な方法／スキル／能力／理論／方法論を、新しい状況で用いている。	ある状況で得た基本的な方法／スキル／能力／理論／方法論を新しい状況で用いている。
統合的コミュニケーション	言語と意味、思考、表現の相互依存関係を明らかにしながら意味を増すようなやり方で、型／言語／グラフ（あるいは他の視覚的表現）を選択することによって、アサインメントをやり遂げている。	何を伝えるか（内容）といかに伝えるか（形式）を、目的や聴衆を意識しながら明確につなげるために、型／言語／グラフ（あるいは他の視覚的表現）を選択することによって、アサインメントをやり遂げている。	何を伝えるか（内容）といかに伝えるか（形式）を基本的なやり方でつなげるような、型／言語／グラフ（あるいは他の視覚的表現）を選択することによって、アサインメントをやり遂げている。	アサインメント（例：小論文、ポスター、ビデオ、パワーポイントのプレゼンテーションを作るなど）を適切な形式でやり遂げている。
省察と自己評価 これまでの経験にもとづいて新しく挑戦的な文脈に対応しながら、学習者としての自己意識の成長を示している（自己評価や省察的・創造的作業のなかで明らかにされるであろう	多くの多様な文脈をまたいで存在しているであろう将来の自己を思い描いている。（さらに、おそらくは過去の経験にもとづいて計画を立てている。）	長期間にわたる自分の学習の変化を評価しており、複雑な文脈要因（両義性やリスクに取り組む、フラストレーションに対処する、倫理的な枠組みを考慮するなど）を認識している。	（特定のパフォーマンスや出来事の中での）強みと課題を明確に表現し、（自己認識を次第に高めることで）別の文脈での有効性を高めている。	自分のパフォーマンスを、成功か失敗かという一般的な記述語で記述している。

*ベンチマークレベルのパフォーマンス（1のセル）を満たさない作品事例にはゼロを割り当てること

出所　松下（2012）、p.114

176

2.4　ルーブリックを評価するためのルーブリック

「ルーブリックを総合的に評価するメタ・ルーブリックの例」

区分	評価項目	はい	いいえ
評価観点	評価観点は、最終的に学生に求められる行動の要点を含んでいる。	☐	☐
	授業で重点的に取り上げたテーマに関連したものが設定されている。	☐	☐
	すべての評価観点が明確である。	☐	☐
	評価観点はそれぞれ明白に異なるものである。	☐	☐
	評価観点は学生がある程度知識を持っているスキル(例:文章を構成する、分析する、決まりを守って書く)に対応している。	☐	☐
評価基準	評価基準は各評価観点に対応している。	☐	☐
	各評価基準は明確であり、類似の評価基準がない。	☐	☐
	点数が記載されている場合、評価基準ごとの配点は妥当である。	☐	☐
	3−5段ルーブリックの場合、評価基準は偏りがないように適切に割り振られている。	☐	☐
評価尺度	各段階に設定された評価尺度は、各段階の評価基準にふさわしいものである。	☐	☐
	到達段階を示す評語(例:「模範的」「有能」「初歩」)は、否定的であったり落胆させたりするものではなく、肯定的で示唆的である。	☐	☐
	到達段階の数は評価対象者の年齢や課題の内容に対応している。	☐	☐
ルーブリック全般	評価しようとする学習成果に関連していることが明確である。	☐	☐
	専門外の人にも理解できる(専門用語を避けている)。	☐	☐
	教えることが可能なスキルを対象にしている。	☐	☐
	評価しようとする学習成果とは無関係の、授業で扱っていないスキルに基づいて、学生が評価されることはない。	☐	☐
	この課題を完成させるために必要な事項やスキルを獲得する機会は全学生に平等に与えられている。	☐	☐
	実際に学生によって課題が完成された状況に見合うものになっている。	☐	☐
	標題および課題の内容が明記されている。	☐	☐
	学生に求める行動は、一つの発達課題となっている。	☐	☐
	学生にとって、成果物が採点される手順がわかるものになっている。	☐	☐
	個人あるいはグループの行動を評価し、改善のための方法を示すことを重視している。	☐	☐
公平性と有意性	全学生にとって公平で偏見のないものである。	☐	☐
	学生にとって自らの行動に対するフィードバックとして有益である。	☐	☐
	課題の性質から判断して実用的である。	☐	☐

出所　スティーブンスとレビ(2014)、p. 79

学習評価のための資料

3　パフォーマンス評価に関する資料

3.1　臨床技能に関する相互評価シート

「理学療法版OSCE-Rの課題と評価表（一部抜粋）」

【課題】

〈患者氏名〉（　　　　　　）さん
22歳　女性・男性　現在、大学4年生
〈疾患名〉　右大腿切断（約2ヶ月前の交通事故によるもの）
ここは、病院のリハビリテーション室です。あなたは先週から臨床実習に来ている学生です。臨床実習指導者の指示によりこの患者さんに医療面接を指示されました。面接では、患者さんの心配している事柄について話すことが課題です。
＊制限時間は6分間です。[一部省略]

【評価表】

医療面接	良：1	悪：0
視線を合わせて話ができたか	☐	☐
適切な顔の向きであったか	☐	☐
適切な声の大きさ・スピード・音調であったか	☐	☐
ていねいな言葉遣いであったか	☐	☐
を途中で遮らなかったか	☐	☐
理解しやすい用語で話ができたか	☐	☐
質問の組み立ては良かったか	☐	☐

「プロセスレコードとリフレクション・シート（一部抜粋）」

【プロセスレコード用紙】

患者さん、PTSの言動に先立つ思考・感情を明確化する。グループでお互いのDVDを見ながら分析する。

1. 患者役、PTS役双方に生じている共有感、満足感、納得、違和感、不満足感、ずれ等の明確化（患者さんの考えは想像する）
2. PTS役の思考・感情と言動の一致・不一致の明確化
3. 問題点と改善策を考える

患者の言動	想像される患者の気持ち（学生の想像）	学生の言葉かけ、表情・しぐさ、など	患者の言動に対する学生の感情
「今までも自己流でやってきたから大丈夫」	＊自分でがんばってやっている練習を否定され、悲しい気持ち	自己流だけではだめですよ	自己流なんかでやっていてもダメだ、なんで自分の言うとおりにしないのか

【リフレクション・シート　例：第1回用】

1. OSCEトライアルを受けた感想　　2. 自分の問題点
3. 友達のビデオを見て気がついた問題点（自分にとっても重要であると思ったこと）
4. 改善策　　　　5. 次回OSCEでの自己の課題
（自分にとって重要なことから優先順位をつけて、書きなさい）

出所　平山ほか（2012）、p. 209、平山ほか（2013）、p. 391

3.2 臨床技能に関する教員評価シート

「簡易版臨床能力評価表」

臨床現場で教員の先生に評価してもらうための評価表です。各科で最低2〜4回程度、教員に依頼して、自分の診療活動について評価してもらってください。

※教員の先生方へ：入院病棟・外来・救急などにおいて、以下の評価基準・評価方法を参考に、学生が患者と関わる様子を10〜15分程度観察して評価ください。

場面：救急外来・入院患者・一般外来・当直・訪問診療・その他（　　　　　　　　）
科別：　　　　　　　　　日時：　　　年　　月　　日

患者ID： 症例の複雑さ：易　普通　難	1	2	3	4	5	6	U/C
1. 病歴	☐	☐	☐	☐	☐	☐	☐
2. 身体診察	☐	☐	☐	☐	☐	☐	☐
3. コミュニケーション能力	☐	☐	☐	☐	☐	☐	☐
4. 臨床診断（診断など）	☐	☐	☐	☐	☐	☐	☐
5. プロフェッショナリズム	☐	☐	☐	☐	☐	☐	☐
6. マネジメント（治療など）	☐	☐	☐	☐	☐	☐	☐
7. 総合	☐	☐	☐	☐	☐	☐	☐

望まれる能力のある段階を4として、ボーダーラインが3、能力が明らかにそれ以下のとき2、1、それ以上あるとき5、6をつける。U/Cはコメントできないとき

良かった点	改善すべき点

評価者と合意した学習課題

評価者所属 ＿＿＿＿＿＿＿＿＿＿　氏名＿＿＿＿＿＿＿＿＿＿＿＿

学生サイン＿＿＿＿＿＿＿＿＿＿

出所　文部科学省（2011）、p.39

学習評価のための資料

4 学習活動・結果の振り返りに関する資料

4.1 授業・学習活動に関する振り返りシート

「週ごとのフィードバックの書式」

何がうまくいったのか？ 何がうまくいかなかったのか？

1. 今週私たちが授業でしたことのうち、最も興味深かったことは何か？ どうしてそれがそんなに興味深かったのか？
2. 今週私たちが授業でしたことのうち、最も退屈だったことは何か？ どうしてそれがそんなに退屈だったのか？
3. 今週この授業であなたにとって最もうまくいったことは何か？ 別の言葉で言えば、どの特定の活動、授業、技法やツールが、あなたの学習を最もよく助けたのか？ なぜか？
4. あなたにとってうまくいかなかったことは何か？ どの活動、学習課題や授業が、最も混乱させるようなものだったり、最も役立たないものだったりしたのか？ なぜか？
5. 下の記述に対し、「はい」か「いいえ」で答えてください。「いいえ」の回答については、説明してください。

	はい	いいえ
学業は、単なるバラバラな小さな事実やスキルではなく、重大な観念に焦点が合わせられていた。私たちは、重要な物事を学習していた。		
私は、学業が思考を刺激するもので、興味深いと思った。		
この単元のゴールが何か、とても明瞭だった。何が重要か、質の高い作品はどのようなものか、私たちのすべきことは何か、単元の目的は何かについて、示されていた。		
ゴールを達成するためにどうすべきかに関して、十分な選択肢や自由が与えられていた。		
評価方法はちょうどよかった。私たちがするよう求められていたのは、学習についての「公正なテスト」であった。		

出所　ウィギンズとマクタイ（2012）、p. 319

4.2 試験結果に対する振り返りシート

「Exam Wrappersの例」

物理の試験後のふりかえり

氏名：＿＿＿＿＿＿＿＿

これは、あなたの試験結果およびそれ以上に重要な試験準備の有効性について、よく考える機会を提供するためのものです。以下の質問に真摯な姿勢で答えてください。この質問への回答は、今回の試験における学生の経験および学習を支援する最善の方法に関する情報を教員チームに提供するために回収されます。あなたが記入した用紙は、次の試験への準備の指針となる情報をあなたに提供するため、次回の試験の前に返却されます。

1. 今回の試験の準備にはどのくらいの時間をかけましたか？　＿＿＿＿＿＿＿＿
2. 次の学習にかけた時間は試験準備のための時間全体の何パーセントでしたか？
   a. 教科書の該当部分を初めて読んだ　＿＿＿＿＿＿＿＿
   b. 教科書の該当部分を読み直した　＿＿＿＿＿＿＿＿
   c. 宿題の解答を見直した　＿＿＿＿＿＿＿＿
   d. 練習問題を解いた　＿＿＿＿＿＿＿＿
   e. 自分のノートを見直した　＿＿＿＿＿＿＿＿
   f. 授業科目のウェブサイトの資料を見直した　＿＿＿＿＿＿＿＿（どんな資料ですか？）
   g. その他　＿＿＿＿＿＿＿＿
      （詳しく書いてください：＿＿＿＿＿＿＿＿＿＿＿＿＿＿＿＿＿＿＿＿＿）
3. 採点された答案にざっと目を通したら、次のことによる失点のパーセンテージを（合計が100になるように）見積もってください：　＿＿＿＿＿＿＿＿
   a. ベクトルとベクトル表記法の問題　＿＿＿＿＿＿＿＿
   b. 代数あるいは計算手続き上の間違い　＿＿＿＿＿＿＿＿
   c. 概念の理解不足　＿＿＿＿＿＿＿＿
   d. 問題への取り組み方法がわからない　＿＿＿＿＿＿＿＿
   e. ケアレスミス　＿＿＿＿＿＿＿＿
   f. その他　＿＿＿＿＿＿＿＿
      （詳しく書いてください：＿＿＿＿＿＿＿＿＿＿＿＿＿＿＿＿＿＿＿＿＿）
4. 上記の質問に対するあなたの回答に基づいて、次回の試験の準備でやり方を変えてみようと考えていることを三つ以上あげてください。たとえば、単に勉強にかける時間を増やす、特定の勉強習慣を変えたり新しい習慣を試す（その場合にはどんな習慣かあげること）、計算が物理の足を引っ張らないように計算をもっと自動的にできるようにする、特定のスキルを磨く（その場合にはどんなスキルかあげてください）、より多くの練習問題を解く、といったことやその他のことをしますか？
5. あなたの学習および次回の試験への準備を支援するために私たちにはどんなことができますか？

出所　アンブローズほか（2014）、pp. 238-239を参考に作成

学習評価のための資料

4.3 グループ活動に関する振り返りシート

「仲間評価表のサンプル」

下記の項目について当てはまる欄をチェックしてください。	できていない 1	ふつう 2	できている 3
グループ=メンバーについて			
事前準備			
傾聴			
グループへの貢献			
仲間の尊敬			
スキルの活用について			
批判的思考			
問題解決			
コミュニケーション			
意思決定			
小計			
		合計	

出所　バークレイほか（2009）、p. 74

「グループ評価表のサンプル」

「グループ評価表のサンプル」

下記の項目に答えてください。

1. 全体的に見て、この課題に関して、あなたのグループはどれほど効率よく一緒に作業ができましたか。当てはまる数字を○で囲んでください。

　　1：全くできていなかった　2：少しできていた　3：良くできていた　4：とても良くできていた

2. 5人グループの何人が、活動を通して積極的に参加していましたか。当てはまる数字を○で囲んでください。

　　1人　　2人　　3人　　4人　　5人

3. 5人グループの何人が、活動のための準備を十分におこなっていましたか。当てはまる数字を○で囲んでください。

　　1人　　2人　　3人　　4人　　5人

4. グループで学んだもののなかで、一人では決して学べないと思う例を1つあげてください。

5. 他のメンバーがあなたから学べたもので、他の誰からも学べないと思う例を1つあげてください。

6. グループをより良くするために変えるべき点を1つ指摘してください。

出所　バークレイほか（2009）、p. 75

4.4　シミュレーション教育の振り返り法

シミュレーションのデブリーフィングの方法「GAS法」

段階	目標	行動	時間配分
G：Gather	シミュレーションを実際行ってみて、どうだったか、どう感じたか	「行ってみてどうでしたか?」と思いや学びを引き出す	全体の25%
A：Analyze	基本・マニュアルなどと照らしながら説明・解説をしながら具体的な分析をしていく	「こういうところはよかったですね」など評価をしながら導いていく(目的に関する思考や行為について)	全体の50%
S：Summarize	どうすればこの次、もっと良くできるのかをまとめる	どうすれば良かったか質問する。最も大切な目的を振り返る	全体の25%

「チームコミュニケーションを評価する四つのポイント」

1. まとまりについて…ここまで行ってみてどうか
2. 行ってみて気づいたこと…何を気づいたか、なぜそれをしなければならないのかなど質問する
3. リーダーシップについて…気づいたこと
4. コミュニケーションについて…状況判断ができているかなど

「＋2・－2」
GAS法や上記の四つのポイントを振り返るときに使用する。
たとえば、1.まとまりについて良かったこと2つ、2.もっとこうすれば良かったと思われることを2つあげてください、など、一つの項目について聞いていく方法。

出所　長野県立病院機構本部研修センター(2013)、p.36

参考文献

青木誠四郎(1948)「考査は何のためにするか」『新しい教室』2月号、pp. 72-76

浅田匡、生田孝至、藤岡完治(1998)『成長する教師——教師学への誘い』金子書房

天野正輝(1993)『教育評価史研究』晃洋書房

スーザン・A・アンブローズ、マイケル・W・ブリッジズ、ミケーレ・W・ディピエトロ、マーシャ・C・ラベット、マリー・K・ノーマン(栗田佳代子訳)(2014)『大学における「学びの場」づくり——よりよいティーチングのための7つの原理』玉川大学出版部

池田輝政、戸田山和久、近田政博、中井俊樹(2001)『成長するティップス先生——授業デザインのための秘訣集』玉川大学出版部

池田真人(2015)「多肢選択文法問題の設問形式に関する研究」『言語文化研究』35(1)、pp. 55-72

グラント・ウィギンズ、ジェイ・マクタイ(西岡加名恵訳)(2012)『理解をもたらすカリキュラム設計——「逆向き設計」の理論と方法』日本標準

沖裕貴(2014)「大学におけるルーブリック評価導入の実際——公平で客観的かつ厳格な成績評価を目指して」『立命館高等教育研究』14号、pp. 71-90

マリリン・H・オーマン、キャスリーン・B・ゲイバーソン(舟島なをみ監訳)(2001)『看護学教育における講義・演習・実習の評価』医学書院

梶田叡一(2010)『教育評価 第2版補訂2版』有斐閣

勝見健史(2010)「相対評価、絶対評価、到達度評価、個人内評価」梶田叡一、加藤明監修『改訂 実践教育評価事典』文溪堂、pp. 134-135

金谷麻理子、銅山隆弘、三木ひろみ、成瀬和弥、堀出知里、松元剛、鍋倉賢治、船田裕雄、遠藤卓郎、山田幸雄(2007)「大学体育における成績評価をどうするか?」『大学体育研究』29号、pp. 53-59

串本剛(2014)「学士課程教育における成績評価方法の実態」『東北大学高等教育開発推進センター紀要』9号、pp. 69-76

熊沢孝昭(2010)「多肢選択式項目の項目形式が文法テストパフォーマンスに与える影響について」『JALT journal』32(2)、pp. 169-188

小林宏己(2005)「教育実習の評価に関する主観性の問題」『東京学芸大学教育実践研究支援センター紀要』1号、pp. 97-105

榊原暢久(2017)「工学系数学教育における授業外学習を促す授業デザイン——芝浦工業大学における実践事例を通して」『日本数学教育学会高専・大学部会論文誌』23号、pp. 115-124

リンダ・サスキー(齋藤聖子訳)(2015)『学生の学びを測る——アセスメント・ガイドブック』玉川大学出版部

佐藤浩章(2010)『大学教員のための授業方法とデザイン』玉川大学出版部

佐貫浩、世取山洋介編(2008)『新自由主義教育改革——その理念・実態と対抗軸』大月書店

バリー・J・ジマーマン、ディル・H・シャンク(塚野州一、伊藤崇達監訳)(2014)『自己調整学習ハンドブック』北大路書房

上越教育大学(2015)「教育実施研究の手引き(実習校用)平成27年度版」

鈴木敏恵(2010)『ポートフォリオとプロジェクト学習』医学書院

ダネル・スティーブンス、アントニア・レビ(佐藤浩章監訳)(2014)『大学教員のためのルーブリック評価入門』玉川大学出版部

関田一彦、安永悟(2005)「協同学習の定義と関連用語の整理」『協同と教育』1号、pp. 10-17

大学入試センター(2017)『平成29年度大学入試センター試験 受験上の配慮決定者数』

田口真奈、西森年寿、神藤貴昭、中村晃、中原淳(2006)「高等教育機関における初任者を対象としたFDの現状と課題」『日本教育工学会論文誌』30(1)、pp. 19-28

辰野千壽(2010)『三訂版 学習評価基本ハンドブック——指導と評価の一体化を目指して』図書文化

バーバラ・ダッチ、スーザン・グロー、デボラ・アレン(山田康彦、津田司監訳)(2016)『学生が変わるプロブレム・ベースド・ラーニング実践法——学びを深めるアクティブ・ラーニングがキャンパスを変える』ナカニシヤ出版

田中耕治(2008)『教育評価』岩波書店

田中耕治(2010)『よくわかる教育評価 第2版』ミネルヴァ書房

田中耕治(2017)『教育評価研究の回顧と展望』日本標準

土持ゲーリー法一(2009)『ラーニング・ポートフォリオ──学習改善の秘訣』東信堂

バーバラ・G・デイビス(香取草之助、安岡高志、光沢舜明、吉川政夫訳)(2002)『授業の道具箱』東海大学出版会

東北大学学生生活支援審議会(2016)『障害のある学生への配慮に関するガイドライン』

徳島大学(2016)『徳島大学 SIH 道場──アクティブ・ラーニング入門(平成28年度)』徳島大学大学教育再生加速プログラム実施専門委員会

長島貞夫(1949)「エヴァリュエーション」斎藤鯉太郎編『新教育事典』平凡社、pp. 22-28

長野県立病院機構本部研修センター(2013)「シミュレーション教育入門──ハワイ大学SimTikiシミュレーションセンター研修報告集」

成瀬尚志(2014)「レポート評価において求められるオリジナリティと論題の設定について」『長崎外大論叢』18号、pp. 99-108

成瀬尚志(2016)『学生を思考にいざなうレポート課題』ひつじ書房

西岡加名恵、石井英真、田中耕治(2015)『新しい教育評価入門』有斐閣

西岡加名恵(2016)「看護教育におけるパフォーマンス評価──あじさい看護福祉専門学校における実践」『教育方法の探究』9号、pp. 1-10

西垣順子(2004)「教員と学生の成績評価に関する認識の相違点」『信州大学教育システム研究開発センター紀要』10号、pp. 13-23

西谷美幸、岩瀬裕子(2007)「基礎看護技術における教育方法の評価──看護の技と頭づくりをめざして」『保健科学研究誌』4号、pp. 21-34

日本学生支援機構(2015)『教職員のための障害学生修学支援ガイド(平成26年度改訂版)』

ジョナサン・バーグマン、アーロン・サムズ(山内祐平、大浦弘樹監修、上原裕美子訳)(2014)『反転授業』オデッセイコミュニケーションズ

エリザベス・バークレイ、パトリシア・クロス、クレア・メジャー(安永悟監訳)(2009)『協同学習の技法──大学教育の手引き』ナカニシヤ出版

ダイアン・ハート(田中耕治監訳)(2012)『パフォーマンス評価入門──「真正の評価」論からの提案』ミネルヴァ書房

平山朋子、松下佳代、西村敦(2012)「理学療法学を主体的に学ぶ──『OSCEリフレクション法』の試み」小田隆治、杉原真晃編『学生主体型授業の冒険2──予測困難な時代に挑む大学教育』ナカニシヤ出版、pp. 202-221

平山朋子、松下佳代、西村敦、堀寛史(2013)「OSCEリフレクション法の有効性──2年次OSCE(医療面接)での学生の学びの分析を通して」『医学教育』44(6)、pp. 387-396

藤本元啓(2012)「KITポートフォリオシステムと修学履歴情報システム」小川賀代、小村道昭編『大学力を高めるeポートフォリオ──エビデンスに基づく教育の質保証をめざして』東京電機大学出版局、pp. 110-133

ベンジャミン・ブルーム、ジョージ・マドゥス、ジョン・ヘスティングス(梶田叡一、藤田恵璽、渋谷憲一訳)(1973)『教育評価法ハンドブック──教科学習の形成的評価と総括的評価』第一法規出版

増田幸一(1955)「エヴァリュエーション(Evaluation)の意義について」『神戸大学教育学部研究集録』1月号、pp. 56-67

松下佳代(2007)『パフォーマンス評価──子どもの思考と表現を評価する』日本標準

松下佳代(2012)「パフォーマンス評価による学習の質の評価──学習評価の構図の分析にもとづいて」『京都大学高等教育研究』18号、pp. 75-114

松尾睦(2011)『職場が生きる 人が育つ「経験学習」入門』ダイヤモンド社

宮下治(2015)「教育実習評価票に関する現状と課題に関する一考察」『愛知教育大学研究報告　教育科学編』64号、pp. 111-117

文部科学省(2011)『医学・歯学教育の改善・充実に関する調査研究』平成23年度先導的大学改革推進委託事業報告書

文部科学省(2014)『平成 26 年度の大学における教育内容等の改革状況について』

山口陽弘（2013）「真正の評価とは何か」佐藤浩一編著『学習の支援と教育評価——理論と実践の共同』北大路書房、pp. 120-126

横山賢一・藤沼康樹（2007）「Clinical Jazz——臨床経験の振り返りとEBMを融和させた教育セッション」『JIM』17（10）、pp. 872-875

横山賢一・大西弘高・斉木啓子・渡邉隆将・錦織宏（2010）「ポートフォリオおよびショーケースポートフォリオとは?」『家庭医療』15（2）、pp. 32-44

吉川歩（2007）「出欠の個人認証と授業評価の匿名性を両立する出欠・評価収集システム」『甲南会計研究』1号、pp. 69-77

Anderson, L., Krathowohl, D., Airasian, P., Cruikshank, K., Mayer, R., Pintrich, P., Raths, J. and Wittrock, M. (2013) *A Taxonomy for Learning, Teaching, and Assessing: A Revision of Bloom's Taxonomy of Educational Objectives*, Abridged Edition, Pearson Education.

Angelo, T. and Cross, P. (1993) *Classroom Assessment Techniques: A Handbook for College Teachers*, Jossey-Bass.

Barkley, E. and Major, C. (2016) *Learning Assessment Techniques: A Handbook for College Faculty*, Jossey-Bass.

Biggs, J. and Tang, C. (2011) *Teaching for Quality Learning at University*, Open University Press.

Bloxham, S. and Boyd, P. (2007) *Developing Effective Assessment in Higher Education: A Practical Guide*, Open University Press.

Börjesson, P. O., Hamidian, A., Kubilinskas, E., Richter, U., Weyns, K. and Ödling, P. (2005) "Free-riding in Group Work - Mechanisms and Countermeasures," *Introduction to Teaching and Learning in Higher Education*, Lund University.

Brew, A. (1999) *Assessment Matters in Higher Education: Choosing and Using Diverse Approaches*, Open University Press.

Brookhart, S. (2013) *Grading and Group Work*, Association for Supervision and Curriculum Development.

Brown, G. A., Bull, J. and Pendlebury, M. (1997) *Assessing Student Learning in Higher Education*, Routledge.

Brown, S. and Glasner, A. (1999) *Assessment Matters in Higher Education: Choosing and Using Diverse Approaches*, Open University Press.

Davis, B. (2009) *Tools for Teaching*, Second Edition, Jossey-Bass.

Duque, G. and Finkelstein, A. (2006) "Learning While Evaluating: The Use of an Electronic Evaluation Portfolio in a Geriatric Medicine Clerkship," *BMC Medical Education*, 6, pp. 1-7.

Facione, P. A. and Facione, N. C. (1994) *Holistic Critical Thinking Scoring Rubric*, Millbrae: California Academic Press.

Finlay, I. G., Maughan, T. S. and Webster, D. J. (1998) "A Randomized Controlled Study of Portfolio Learning in Undergraduate Cancer Education," *Medical Education*, 32, pp. 172-176.

Gibbs, G. (1994) *Learning in Teams: A Tutor Guide*, Oxford Centre for Staff Development.

Hall, D. and Buzwell, S. (2012) "The Problem of Free-riding in Group Projects: Looking beyond Social Loafing as Reason for Non-contribution," *Active Learning in Higher Education*, 14 (1), pp. 37-49.

Huba, M. E. and Freed, J. E. (2000) *Learner-centered Assessment on College Campuses: Shifting the Focus from Teaching to Learning*, Allyn and Bacon.

Kolb, D. (1984) *Experiential Learning: Experience as the Source of Learning and Development*, Prentice-Hall.

Kruger, J. and Dunning, D. (1999) "Unskilled and Unaware of It: How Difficulties in Recognizing One's Own Incompetence Lead to Inflated Self-Assessments," *Journal of Personality and Social*

Psychology, 77(6), pp. 1121-1134.

Nilson, L. (2010) *Teaching at Its Best: A Research-Based Resource for College Instructors*, 3rd Edition, Jossey-Bass.

Moon, J. (2004) *A Handbook of Reflective and Experiential Learning: Theory and Practice*, Routledge.

Stefani, L., Mason, R. and Pegler, C. (2007) *The Educational Potential of E-portfolios: Supporting Personal Development and Reflective Learning*, Routledge.

Tartwijk, J. and Driessen, E. W. (2009) "Portfolios for Assessment and Learning: AMEE Guide no. 45," *Medical Teacher*, 31(9), pp. 790-801.

Tremblay, K., Lalancette, D. and Roseveare, D. (2012) *Assessment of Higher Education Learning Outcomes Feasibility Study Report Volume 1 Design and Implementation*, OECD.

Walvoord, B. and Anderson, V. (2010) *Effective Grading: A Tool for Learning and Assessment*, Second Edition, Jossey-Bass.

Watson, W. and Michaelsen, L. (1988) "Group Interaction Behaviors that Affect Performance on an Intellective Task," *Group and Organizational Studies*, 13 (4), pp. 495-516.

Wiggins, G. (1998) *Educative Assessment: Designing Assessments to Inform and Improve Student Performance*, Jossey-Bass.

Winchester-Seeto, T. (2002) "Assessment of Collaborative Work – Collaboration versus Assessment," Invited paper presented at the Annual Uniserve Science Symposium, The University of Sydney.

Zubizarreta, J. (2009) *The Learning Portfolio: Reflective Practice for Improving Student Learning*, Jossey-Bass.

執筆者　2022年8月現在

中島英博
なかじま・ひでひろ

立命館大学 教育開発推進機構 教授
専門は高等教育論。名古屋大学高等教育研究センター助手、三重大学高等教育創造開発センター助教、名城大学大学院大学・学校づくり研究科准教授、名古屋大学高等教育研究センター准教授を経て、2021年より現職。著書に『シリーズ大学の教授法1 授業設計』（編著）、『シリーズ大学の教授法3 アクティブラーニング』（分担執筆）、『大学力を高めるeポートフォリオ──エビデンスに基づく教育の質保証をめざして』（分担執筆）などがある。
担当　編著者、3章、4章、5章

山田剛史
やまだ・つよし

関西大学 教育推進部 教授
専門は大学教育学、青年心理学。2006年島根大学教育開発センター講師、准教授、2011年愛媛大学教育・学生支援機構教育企画室准教授、2015年京都大学高等教育研究開発推進センター／大学院教育学研究科准教授を経て、2020年10月より現職。著書に『大学生の主体的な学びを促すカリキュラム・デザイン──アクティブ・ラーニングの組織的展開に向けて』（編著）、『新・青年心理学ハンドブック』（分担執筆）、『大学のIR Q&A』（分担執筆）、『生成する大学教育学』（分担執筆）などがある。
担当　1章、2章、12章、14章

吉田 博
よしだ・ひろし

徳島大学 高等教育研究センター 准教授
専門は高等教育開発、大学教育学。2009年徳島大学大学開放実践センター特任助教、助教、2013年徳島大学教育改革推進センター助教、2014年徳島大学総合教育センター講師を経て、2020年4月より現職。著書に、『学生と楽しむ大学教育──大学の学びを本物にするFDを求めて』（分担執筆）、『看護教育実践シリーズ4 アクティブラーニングの活用』（分担執筆）がある。
担当　6章、7章、8章

久保田祐歌
くぼた・ゆか

関西福祉科学大学 社会福祉学部 准教授
専門は大学教育学。2008年名古屋大学高等教育研究センター研究員、2010年立教大学大学教育開発・支援センター学術調査員、2011年愛知教育大学教育創造開発機構リベラル・アーツプロジェクト担当研究員、2012年愛知教育大学教育創造開発機構大学教育研究センター研究員、2014年徳島大学総合教育センター特任助教、2017年三重大学地域人材教育開発機構講師を経て、2018年4月より現職。著書に『科学技術をよく考える──クリティカルシンキング練習帳』（分担執筆）がある。
担当　9章、10章、11章

中井俊樹
なかい・としき

愛媛大学 教育・学生支援機構 教授
専門は大学教育論、人材育成論。1998年に名古屋大学高等教育研究センター助手となり、同准教授などを経て2015年より現職。大学教育学会理事および日本高等教育開発協会理事。著書に『看護教育実践シリーズ3 授業方法の基礎』（共編著）、『シリーズ大学の教授法3 アクティブラーニング』（編著）、『看護現場で使える教育学の理論と技法』（編著）、『大学のFD Q&A』（共編著）、『大学のIR Q&A』（共編著）、『大学教員のための教室英語表現300』（編著）、『大学教員準備講座』（共著）、『成長するティップス先生』（共著）などがある。
担当　13章

シリーズ 大学の教授法　4
学習評価

2018年6月10日　初版第1刷発行
2022年8月20日　初版第2刷発行

編著者　中島英博

発行者　小原芳明

発行所　玉川大学出版部
〒194-8610 東京都町田市玉川学園6-1-1
TEL 042-739-8935　FAX 042-739-8940
http://www.tamagawa.jp/up/
振替 00180-7-26665

デザイン　しまうまデザイン
印刷・製本　モリモト印刷株式会社

乱丁・落丁本はお取り替えいたします。
©Hidehiro Nakajima 2018　Printed in Japan
ISBN978-4-472-40534-1 C3037 / NDC377

玉川大学出版部の本

リーディングス 日本の高等教育
【全8巻】

大学はどこへいくのか――。
わが国の高等教育領域における問題群を39に区分けし、
そのトピックごとに解題と解説を加えながら研究論文を精選。
高等教育研究に新しい視座と議論を提供する重要論文のアンソロジー。

A5判上製・平均376頁　本体 各4,500円

1
大学への進学
選抜と接続

中村高康 編

5
大学と学問
知の共同体の変貌

阿曽沼明裕 編

2
大学の学び
教育内容と方法

杉谷祐美子 編

6
大学と国家
制度と政策

村澤昌崇 編

3
大学生
キャンパスの生態史

橋本鉱市 編

7
大学のマネジメント
市場と組織

米澤彰純 編

4
大学から社会へ
人材育成と知の還元

小方直幸 編

8
大学とマネー
経済と財政

島 一則 編

表示価格は税別です。